Café, indústria e conhecimento

São Carlos, uma história de 150 anos

GOVERNO DO ESTADO DE SÃO PAULO

Governador José Serra

UNIVERSIDADE FEDERAL DE SÃO CARLOS

Reitor Oswaldo Baptista Duarte Filho

Vice-reitora Maria Stella Coutinho de Alcântara Gil

EDITORA DA UNIVERSIDADE FEDERAL DE SÃO CARLOS

Diretor Oswaldo Mário Serra Truzzi

Conselho editorial José Eduardo dos Santos
José Renato Coury
Nivaldo Nale
Paulo Reali Nunes
Oswaldo Mário Serra Truzzi (Presidente)

Secretária executiva Maria Cristina Priore

IMPRENSA OFICIAL DO ESTADO DE SÃO PAULO

Diretor-presidente Hubert Alquéres

Diretor Industrial Teiji Tomioka

Diretor Financeiro Clodoaldo Pelissioni

Diretora de Gestão de Negócios Lucia Maria Dal Medico

Café, indústria e conhecimento

São Carlos, uma história de 150 anos

Oswaldo Mario Serra Truzzi • Paulo Reali Nunes • Ricardo Tilkian

EdUFSCar

imprensaoficial

São Carlos, 2008

Ficha catalográfica elaborada pelo DePT da
Biblioteca Comunitária da UFSCar

T874sc

Truzzi, Oswaldo Mário Serra.
Café, indústria e conhecimento – São Carlos: uma história de 150 anos / Oswaldo Mário Serra Truzzi, Paulo Reali Nunes, Ricardo Tilkian. – São Carlos : EdUFSCar; São Paulo : Imprensa Oficial do Estado de São Paulo, 2008.
200p.

ISBN 978-85-7600-139-3 (EdUFSCar)
ISBN 978-85-7060-646-4 (Imprensa Oficial)

1. São Carlos (SP) - história. 2. Café. 3. Indústria. 4. Conhecimento. I. Título.

CDD: 981.61 (20ª)
CDU: 981

Foi feito o depósito legal na Biblioteca Nacional
Lei nº 10.994, de 14/12/2004

Impresso no Brasil 2008

UNIVERSIDADE FEDERAL DE SÃO CARLOS
Editora da Universidade Federal de São Carlos
Via Washington Luís, km 235
13565 905 São Carlos SP Brasil
www.editora.ufscar.br
edufscar@ufscar.br
Telefax 0xx16 3351 8137

IMPRENSA OFICIAL
DO ESTADO DE SÃO PAULO
Rua da Mooca, 1.921 Mooca
03103 902 São Paulo SP
www.imprensaoficial.com.br
livros@imprensaoficial.com.br
SAC Grande São Paulo 011 5013 5108 | 5109
SAC Demais Localidades 0800 0123 401

Uma cidade do conhecimento, que traz em seu próprio hino a marca do compromisso com a educação, não poderia prescindir de marcar a passagem de seu sesquicentenário com a publicação de uma obra que contasse a sua História.

Como resultado do empenho em cumprir essa tarefa, o Município, a Universidade Federal de São Carlos e a Imprensa Oficial do Estado de São Paulo tomam a iniciativa de lançar este livro que, com palavras e imagens, condensa os momentos mais significativos de seu desenvolvimento, ao longo dos 150 anos de existência.

A São Carlos de hoje é, reconhecidamente, uma cidade do desenvolvimento e da cidadania. Voltar-se orgulhosa para o seu passado é passo seguro na direção de um futuro pavimentado com o cimento das inúmeras conquistas e realizações econômicas e sociais.

É com essa visão que esperamos contribuir para a preservação da nossa memória.

Prof. Dr. Newton Lima Neto
Prefeito Municipal

São Carlos completou 150 anos em 2007. A Universidade Federal de São Carlos, 37. São idades muito diferentes. Mas a história de nossa Universidade está intimamente ligada à da cidade. São Carlos hoje se destaca pelo desenvolvimento científico e tecnológico e pelo elevado índice de doutores em sua população. Cada vez mais projetos de cooperação são desenvolvidos entre a UFSCar, a Prefeitura Municipal e os setores da sociedade civil organizada de São Carlos, iniciativas voltadas ao aprimoramento constante da qualidade de vida de todos os moradores desta cidade.

A história da UFSCar, a trajetória que hoje define suas principais características – das quais muito nos orgulhamos –, é marcada por sua relação com a cidade que primeiro a abrigou e que lhe dá nome.

Por isso, é uma honra para a UFSCar – por meio de sua Editora e em parceria com a Prefeitura Municipal e a Imprensa Oficial do Estado de São Paulo – celebrar o Sesquicentenário de São Carlos com a apresentação de uma obra que conta a história da cidade e procura condensar os principais movimentos de sua consolidação como importante pólo de desenvolvimento. A edição viabilizada pelos 150 anos de São Carlos, além de marcar com brilhantismo a data, consolida uma das principais características da EdUFSCar, a de ser uma editora voltada justamente ao acolhimento de obras sobre a história da cidade e de sua região.

Ressaltar a importância dos que vieram antes de nós e possibilitaram que chegássemos até aqui, preservar e difundir nossa história, é a forma de, em nome da UFSCar, homenagear São Carlos pelos seus 150 anos.

Prof. Dr. Oswaldo Baptista Duarte Filho
Reitor da Universidade Federal de São Carlos

No contexto das comemorações do sesquicentenário de São Carlos, em 2007, surgiu entre todos os seus organizadores e entusiastas a idéia de publicar uma obra que contasse a história do município e de sua região, fazendo-se, dessa forma, uma ligação com as festividades de seu centenário, em 1957. Visou-se, com esta iniciativa – que se deve sobretudo à Universidade Federal de São Carlos, à nossa Prefeitura e à Imprensa Oficial do Estado de São Paulo –, reunir trabalhos e editar um livro que pudesse ser compulsado no seio das escolas públicas e privadas da região, bem como, no cotejo das informações e visões nele contidas, incentivar cada vez mais a pesquisa em torno deste município, fundado há mais de 150 anos pela obra coletiva dos irmãos Arruda Botelho e outros pioneiros.

São Carlos foi importante em diversas etapas do desenvolvimento da economia paulista, como no segundo ciclo do café, na metade final do século XIX, quando suas riquezas daqui partiam por suas ferrovias para as diversas cidades do interior do Estado de São Paulo, e na primeira metade do século XX, com sua pioneira industrialização. Atualmente, a cidade mantém sua relevância nos setores voltados à alta tecnologia, fruto, sobretudo, do conhecimento produzido por suas universidades públicas (USP e UFSCar) e privadas.

Cabe ressaltar, em meio a esse contínuo e crescente progresso econômico e social, o meritório cuidado com o patrimônio histórico do município, cuja célula-mater, a Fazenda Pinhal, foi declarada Patrimônio Histórico Nacional graças ao empenho da comunidade em preservá-la, tudo a testemunhar a abrangência das atividades desenvolvidas em São Carlos ao longo de seus 150 anos de festejada existência.

Modesto Carvalhosa
Presidente da Associação
São Carlos Presente e Futuro

"Uma carruagem de 150 anos detém-se à minha porta, inicia sua longa viagem e se perde nas brumas do passado. É como uma máquina do tempo e nós, passageiros de uma era atribulada e confusa, nos espantamos quando o cocheiro estaciona e anuncia solene: 'Eis a Vila de São Carlos'".

As linhas acima parecem talhadas para servir de epígrafe a *Café, indústria e conhecimento – São Carlos, uma história de 150 anos*, que a Imprensa Oficial ora publica em conjunto com a Editora da Universidade Federal de São Carlos. Mas foram escritas por Eduardo Kebbe em crônica publicada no jornal são-carlense *O Diário*, em 1972. O texto integra *Postais do Tempo*, um dos títulos da Coleção Nossa História – também publicada pela Imprensa Oficial, em comemoração dos 150 anos da cidade –, que descortina toda uma miríade de histórias, desde os remotos tempos da vila de São Carlos do Pinhal.

Nas páginas a seguir, conheceremos desde como se formou o lugarejo a partir da marcha do café, nos meados do século XIX, até aspectos da saúde, do jornalismo e do clima ameno do município. Felizes as cidades como São Carlos, que dispõem de bibliografia assim, a ela toda dedicada.

São Carlos é uma síntese das cidades médias do interior paulista: plena de pioneirismos, palco de inovações, orgulhosa do seu saber. Sua história produz os traços que marcam a evolução deste São Paulo pujante: a expansão agrícola nos rastros dos cafezais, o afluxo de imigrantes, a indústria nascente, a produção do conhecimento de ponta.

Portanto é com muito orgulho que a Imprensa Oficial participa de mais este projeto que traz ao hoje os registros do ontem e assegura que eles estarão disponíveis aos leitores do amanhã. Publicá-los é perenizá-los, difundi-los. As vozes que formam uma comunidade são plurais; a memória e a história impressas nestas páginas também: aqui repousa a vida de muitos. É assim que esperamos que se construa uma nação.

Hubert Alquéres
Diretor-presidente
Imprensa Oficial do Estado de São Paulo

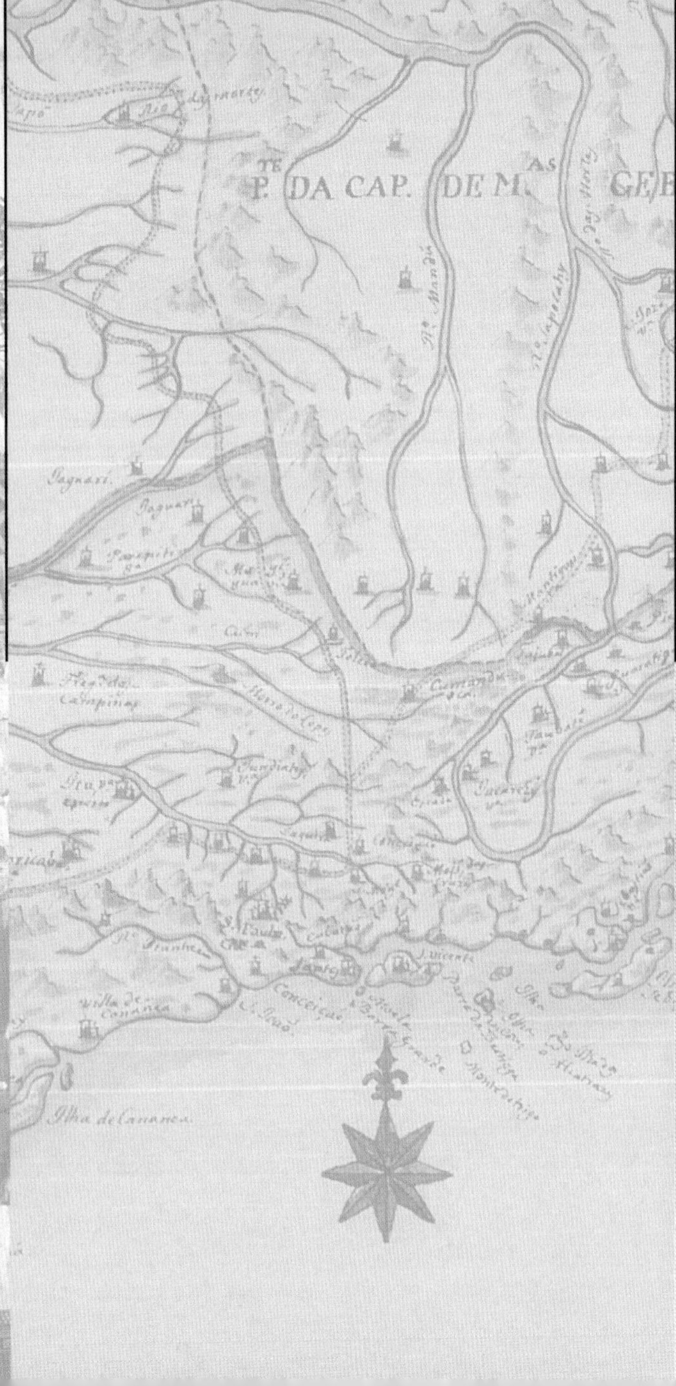

MACHINA DE BENEFICIAR

São Carlos 150 anos

Antes que a história comece

Concretizar este livro comemorativo dos 150 anos de fundação de São Carlos exigiu o enfrentamento de vários desafios. O maior deles terá sido certamente o de tentar proporcionar ao leitor uma visão equilibrada dos processos sociais, econômicos, políticos e culturais que influenciaram a vida do município em sua existência. Como apresentar um perfil histórico, ao mesmo tempo equilibrado e abrangente, sem omitir ou deixar escapar fatos, circunstâncias e determinantes considerados essenciais à trajetória do município? Inevitável reconhecer que esse apanhado geral será sempre mediado tanto pelas circunstâncias do presente – pois qualquer história é sempre um diálogo entre o presente e o passado – quanto pela visão de quem seleciona os assuntos e imagens que lhe parecem mais relevantes.

Três orientações importantes balizaram a obra. A primeira foi procurar escapar ao triunfalismo e ufanismo, tão comuns às publicações de caráter comemorativo. A história de qualquer lugar não pode ser contada apenas pelos seus grandes momentos e por suas grandes conquistas. Uma visão mais realista de nossa história implica necessariamente pontuar altos e baixos, interesses comuns e divergentes dos indivíduos e grupos que por aqui viveram. O que se buscou foi produzir uma obra serena, mais próxima à realidade vivida pelos habitantes de São Carlos, infensa o quanto possível às vanglórias pirotécnicas abundantes nas publicações de tom exclusivamente celebrante.

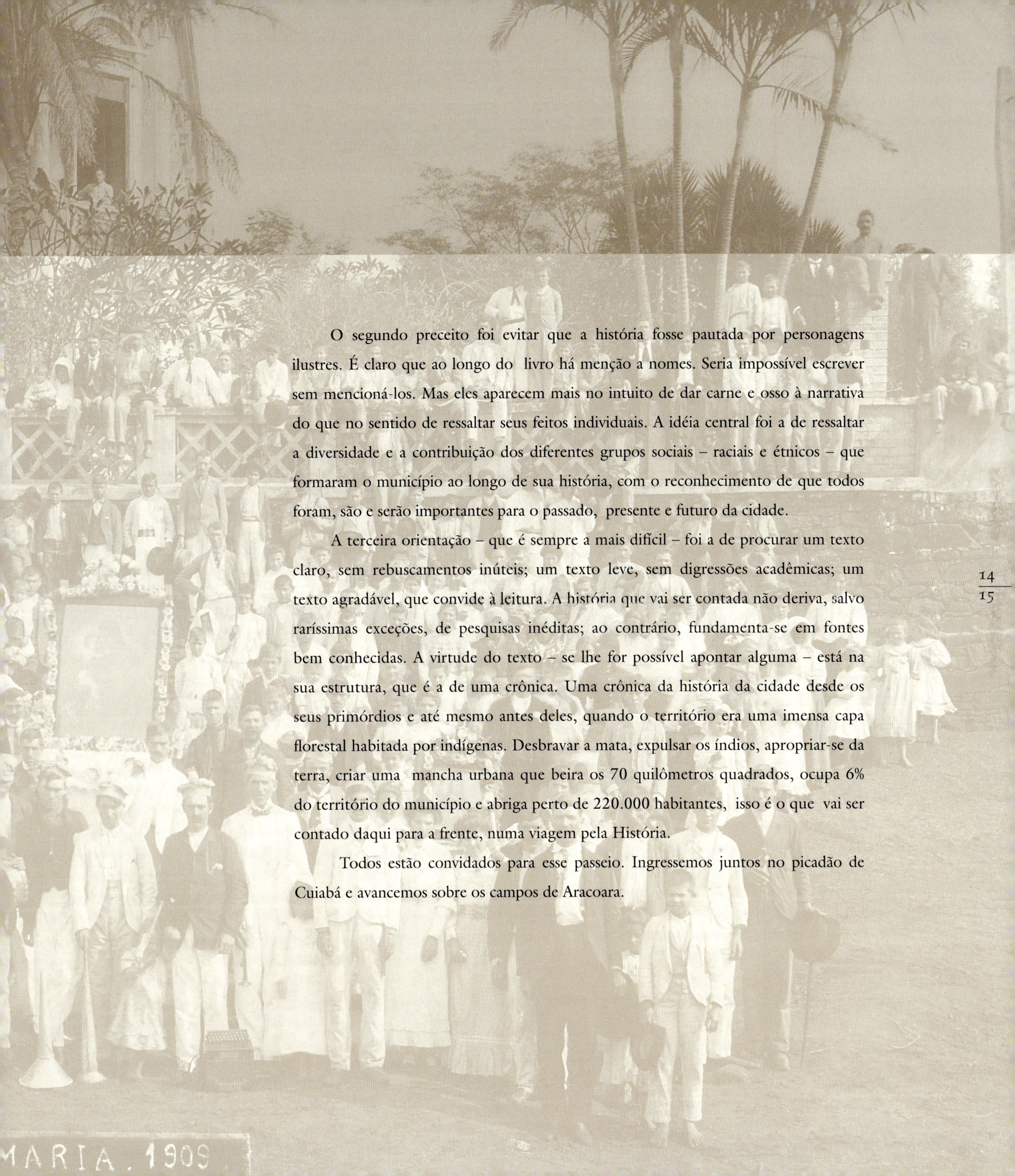

O segundo preceito foi evitar que a história fosse pautada por personagens ilustres. É claro que ao longo do livro há menção a nomes. Seria impossível escrever sem mencioná-los. Mas eles aparecem mais no intuito de dar carne e osso à narrativa do que no sentido de ressaltar seus feitos individuais. A idéia central foi a de ressaltar a diversidade e a contribuição dos diferentes grupos sociais – raciais e étnicos – que formaram o município ao longo de sua história, com o reconhecimento de que todos foram, são e serão importantes para o passado, presente e futuro da cidade.

A terceira orientação – que é sempre a mais difícil – foi a de procurar um texto claro, sem rebuscamentos inúteis; um texto leve, sem digressões acadêmicas; um texto agradável, que convide à leitura. A história que vai ser contada não deriva, salvo raríssimas exceções, de pesquisas inéditas; ao contrário, fundamenta-se em fontes bem conhecidas. A virtude do texto – se lhe for possível apontar alguma – está na sua estrutura, que é a de uma crônica. Uma crônica da história da cidade desde os seus primórdios e até mesmo antes deles, quando o território era uma imensa capa florestal habitada por indígenas. Desbravar a mata, expulsar os índios, apropriar-se da terra, criar uma mancha urbana que beira os 70 quilômetros quadrados, ocupa 6% do território do município e abriga perto de 220.000 habitantes, isso é o que vai ser contado daqui para a frente, numa viagem pela História.

Todos estão convidados para esse passeio. Ingressemos juntos no picadão de Cuiabá e avancemos sobre os campos de Aracoara.

Rio Parapanema
Rio Tauarí
Parapanema
Reino q. foi dos Guaetáz
Parnaguá
Bahia

No caminho de Cuiabá, nos campos de Aracoara

PARTE DA CAP. DE GOYAZES
Rio Grande
P.TE DA CAP. DE M.AS GERAES
Rio Piracicaba
Rio Paranapanema
Ilha de Cananea
Bahia de Parnaguá
Guaraiba
Enseada das Garoupas
Ilha de S.ta Catharina
Villa do Desterro
Ilha de S. Sebastião

Capítulo I

Formação do território

O território originalmente ocupado pelo município de São Carlos apresenta uma configuração topográfica peculiar, emprestada pela serra que o cruza todo, de sudeste a noroeste. Tais elevações recebem as denominações de serra da Fortaleza, da Água Vermelha, da Babilônia e outras e separam os afluentes do Rio Mogi-Guaçu dos do Rio Tietê. Os ribeirões do Feijão, Lobo, Onça, Pinhal, Quebra-Canela, Mello, Monjolinho, Chibarro, Mineirinho e Pacau desembocam no rio Jacaré-Guaçu, afluente da margem direita do Tietê. Os ribeirões das Águas Turvas, dos Negros e do Quilombo levam suas águas ao Mogi-Guaçu. Sobre o território, sempre predominou um clima dos mais amenos e saudáveis do Estado. As variações de temperatura não são bruscas e, durante o verão, há sempre ventos que mitigam o calor.

O sítio sobre o qual se erigiram os primórdios da cidade estende-se à margem esquerda do ribeirão Monjolinho, em território outrora pertencente ao município de Araraquara. Uma das primeiras notícias que se tem sobre os sertões de Araraquara remonta ao século XVIII, quando o astrônomo Francisco José de Lacerda e Almeida, em viagem de exploração pelo rio Tietê, deparou-se com uma grande cordilheira, "que, quando n'ella batia o sol, parecia-lhe uma grande cidade".[1] Os índios da região chamavam-na de Aracoara (de ará, dia; e coará, toca ou morada). Ao verem o sol nascer por detrás das montanhas, acreditavam que ali morava o dia. Os campos de Aracoara envolviam um vasto território inexplorado, que depois viria a constituir os municípios de Rio Claro, Descalvado, São Carlos, Brotas, Araraquara e outros.

É do século XVIII o conhecimento dos sertões de Araraquara por expedições de mineiros com destino a Cuiabá. Exploradores, que escapavam da lei ou eram degredados, e aventureiros resvalaram por essas terras na passagem para o século XIX. Também há várias notícias sobre a existência de quilombos, combatidos por sertanistas a mando do governador da capitania. Nessa época, o território "civilizado" do oeste paulista estendia-se no máximo até a região de Rio Claro. A princípio, a viagem era realizada por via fluvial, mas com o tempo abriu-se uma picada cujo trajeto passava por territórios à margem direita do Tietê.

O "picadão de Cuiabá", como ficou conhecido, foi aberto por volta de 1720 por Luiz Pedroso de Barros, por determinação do capitão-geral Rodrigo

Cesar Menezes, cujo objetivo era estabelecer um caminho para as minas de ouro descobertas em Mato Grosso. Essa primeira trilha foi abandonada, mas ao final do século outra foi aberta, com o mesmo destino. Partindo de Itu, a estrada passava por Piracicaba e, em terras hoje ocupadas pelo município de São Carlos, atravessava os campos do córrego do Feijão e cortava a mata densa do Pinhal, onde hoje está o núcleo urbano. Depois, seguia pelos extensos cerrados dos campos de Araraquara, atingindo a margem direita do Tietê na altura de Potunduva, atual distrito de Jaú.

Com a abertura do caminho, surgiram os primeiros povoadores. No princípio, eram meros posseiros que, ocupando terras virgens, buscavam rumos novos para suas vidas. Viram-se, no entanto, logo substituídos pelos sesmeiros, que escudados na justiça do Reino, expulsavam-nos ou compravam-lhes os direitos.

A partir de fins do século XVIII, a história local registra um intenso movimento de apropriação de terras por meio de disputa pela concessão de cartas de sesmaria. O município de São Carlos foi formado por áreas diversas, em sua maioria originárias de três grandes sesmarias. A Sesmaria do Monjolinho, posse irregular no começo do século, foi regularizada por carta de doação de 1810, concedida a Felippe de Campos Bicudo, sendo em seguida adquirida por Nicolau Pereira de Campos Vergueiro, mais tarde senador do Império e ministro de Estado, pioneiro da importação de imigrantes para o trabalho livre em São Paulo. Nesta Sesmaria se incluía toda a parte norte da atual cidade. A Sesmaria do Quilombo, também surgida de posse irregular, foi legalizada somente em 1812, a requerimento do posseiro, vigário de Piracicaba, padre Manoel Joaquim do Amaral Gurgel. Compreendia as terras baixas de beira do Rio Mogi Guaçu, no atual Distrito de Santa Eudóxia, longe do centro de São Carlos. A mais antiga, a Sesmaria do Pinhal, compreendia a metade sul do futuro perímetro urbano.

Embora essas cartas impusessem compromisso de realizar alguns melhoramentos (abertura de caminhos e construção de pontes, por exemplo), nesse momento inicial elas se prestaram à mera especulação. A Sesmaria do Monjolinho, por exemplo, teve sua posse transferida pelo menos seis vezes antes de qualquer melhoramento. É difícil determinar com exatidão a época em que os proprietários de terra resolveram organizar suas fazendas, levando à nucleação de alguma atividade econômica na região de São Carlos, ao invés de meramente apropriar-se das terras com fins especulativos.

Mapa rudimentar (abaixo) com a indicação das sesmarias da região de Araraquara. No canto inferior direito, estão indicadas as sesmarias do Pinhal, do Monjolinho e do Quilombo, que deram origem ao município de São Carlos. Sesmarias eram lotes de terras ainda por desbravar – geralmente de grande extensão – que os reis de Portugal cediam a quem, ou tendo laços com a nobreza, ou os militares ou, ainda, se dedicasse à navegação e tivesse obtido honrarias, se dispusesse e desbravá-las e cultivá-las. O instituto jurídico da sesmaria surgiu em Portugal no século XIV e, com o descobrimento, foi transplantado para o Brasil. Segundo a Lei das Sesmarias, de 1375, se o proprietário não fertilizasse a terra para a produção e a semeasse, esta seria repassada a outro agricultor que tivesse interesse em cultivá-la. Essa regra, como se verá, nem sempre era obedecida.Outras expressões aparecerão ao longo do livro, principalmente no Capítulo I, todas herdadas de Portugal. Freguesia, distrito e distrito de paz são denominações de divisões administrativas. Vila aparece no texto com diversos significados. Com inicial minúscula representa o sentido comum de ajuntamento de habitações. Com maiúscula significa, na maioria das vezes, categoria intermediária de divisão administrativa (Vila de São Carlos do Pinhal, p.ex); em outras, pode significar a denominação de bairros (Vila Nery, Vila Prado, Vila Isabel).

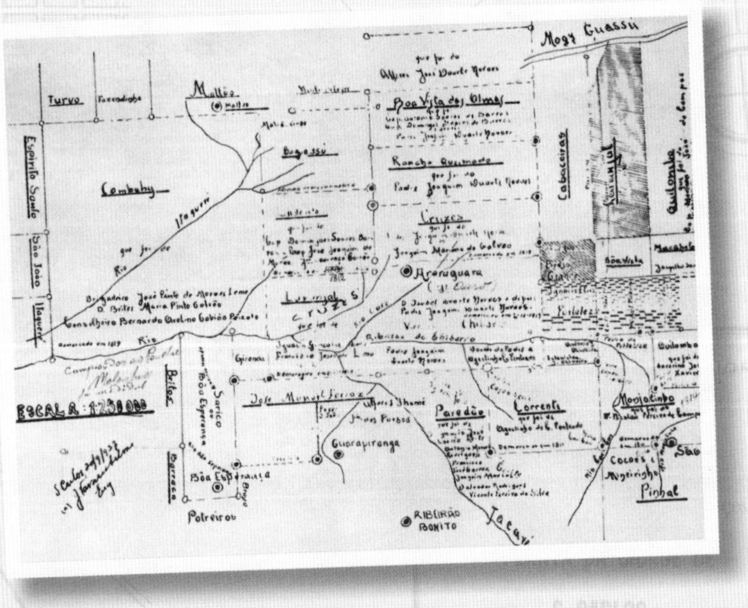

O município original (São Carlos e Ibaté) e o município com seus vizinhos atuais.

Em 1781, foram concedidas três léguas de terra ao cirurgião-mor do Regimento de Voluntários Reais de São Paulo que, cinco anos depois, vendeu-a a Carlos Bartholomeu de Arruda, sargento-mor de Itu e avô do futuro conde do Pinhal. Foi daí que se originou a Sesmaria do Pinhal. Aparentemente, a aquisição configurou apenas um negócio de resultados futuros, tanto que, durante muito tempo, nada foi feito para a efetiva ocupação. Sua demarcação só ocorreu cinqüenta anos depois, em 1831, a pedido de Carlos José Botelho, filho de Carlos Bartholomeu de Arruda. Data dessa época a construção da sede da fazenda Pinhal, erguida em taipa de pilão e taipa de mão e, depois, ampliada em 1860. Por se tratar de um significativo e bem conservado remanescente da arquitetura colonial que então se praticava em São Paulo, o conjunto do casarão e das terras de seu entorno foram tombados pelos órgãos de defesa do patrimônio histórico.

Com o tempo, outras fazendas foram organizadas na região. Um pouco antes de 1857, data da fundação de São Carlos, nada mais havia na região além de fazendas localizadas em uma zona pioneira, tocadas por braço escravo, que lidavam com a criação de bovinos e suínos, bem como com um incipiente cultivo de cana-de-açúcar. O núcleo mais próximo era Araraquara, onde as primeiras casas já haviam surgido quatro décadas antes, mas que muito pouco progredira. Em São Carlos, o primeiro agregado de ranchos de madeira cobertos de palha se distribuiu em torno da capela erigida.

O contexto regional e o surgimento da povoação

Se percorrermos os primórdios da existência de São Carlos, veremos que, em menos de três décadas – de 1856, ano em que foi iniciada a construção da capela que deu origem à povoação, a 1884, data da inauguração da estrada de ferro –, a nascente vila auferiu a reputação de um incessante desenvolvimento no cenário regional. De fato, na metade do século XIX, o lugarejo não passava de ponto de pousada para os viajantes vindos de Rio Claro que seguiam rumo a Araraquara, mais adiante.

Eram núcleos de povoação mais antiga. Rio Claro constituiu-se como paróquia de Piracicaba, em 1827, e foi um dos últimos da geração de novos núcleos urbanos surgidos na região graças à produção canavieira, desenvolvida com crescente progresso até meados do século XIX. Em 1845, a Vila de São João do Rio Claro desmembrou-se do município de Piracicaba.

Por outro lado, durante a primeira metade do século XIX, o núcleo mais vasto e antigo formado em terras do Planalto Ocidental era Araraquara, reconhecida, em 1817, como Freguesia do município de Piracicaba, do qual se emanciparia em 1832. O pioneirismo de seus primeiros habitantes era fato inconteste: por essa época, existiam apenas algumas poucas vilas no Estado de São Paulo, a maior parte delas localizadas próximas ao litoral e bem distantes dos sertões de Araraquara. Parece ter sido justamente tal condição de extremo isolamento a razão primeira da elevação de Araraquara de Freguesia a Vila, em 1832.

Na região de Araraquara, do mesmo modo que em Rio Claro, foram ensaiados os primeiros cultivos de cana-de-açúcar, que logo sucederam as fazendas de criação de gado, enquanto o café começava a ser plantado no Vale do Paraíba, região onde se situavam antigos engenhos. A partir de 1840, o período de consolidação da cana-de-açúcar foi marcado por importantes transformações: a terra valorizou-se na medida em que as lavouras começaram a penetrar na região; o diferencial de produtividade entre elas, decorrente da maior ou menor fertilidade, determinou sua utilização, ou para plantio de cana ou para criação de gado; a procura pelo braço escravo tornou-se acirrada pelo aparecimento de uma lavoura comercial na região.

Nas décadas de 1850 e 1860, no entanto, já se torna perceptível a presença de outra cultura que, pela importância vindoura, varreria tanto as fazendas canavieiras quanto os latifúndios pastoris da região: o café. É a partir daí que se identifica o virtuoso desenvolvimento do núcleo de São Carlos, cuja capela começaria a ser erigida em 1856.

A construção da capela fora solicitada por Jesuíno José Soares de Arruda e sua mulher, proprietários, ao lado dos herdeiros de Carlos José Botelho, de partes da antiga Sesmaria do Pinhal. Quando jovem, Jesuíno havia sido tropeiro e comerciante de muares entre o sul do País e São Paulo. Em 1836, casou-se, adquiriu terras e passou a residir em Piracicaba. Em 1852, estabeleceu um comércio em Araraquara e, três anos depois, comprou dos Botelhos glebas na Sesmaria do Pinhal, passando a explorá-las. Todas essas pessoas eram afazendadas em terras do município de Araraquara e constituíam figuras de prestígio da nascente oligarquia local. O ofício fora encaminhado por Jesuíno ao bispo diocesano de São Paulo sob a alegação de que a distância da Matriz, em Araraquara, tornava difícil a recepção dos sacramentos. No mesmo ofício, pediu-se licença para a benção de um cemitério na própria igreja, conforme o costume da

Antonio Carlos de Arruda Botelho (abaixo), futuro conde do Pinhal, como presidente da Câmara Municipal de Araraquara, propôs ao presidente da Província a criação do Distrito de Paz de São Carlos do Pinhal. Jesuíno de Arruda solicitou autorização ao bispo para a construção da primeira capela. *Na página ao lado*, a antiga catedral com sua cúpula arredondada (superior à direita), vista da rua conde do Pinhal. Reformada em 1918, a torre foi remodelada (superior à esquerda e centro à direita). Na foto maior, vista panorâmica da cidade, destacando-se a nova catedral, ainda em construção na década de 1950, sempre no mesmo local.

CASAS BURI

época. São Carlos fora o santo escolhido como padroeiro porque Carlos era o nome predominante na família Botelho, desde suas origens que remontam a Portugal.

Um agregado cada vez maior de casas logo rodeou o sítio em torno da capela. A licença episcopal para sua elevação, concedida no ano seguinte, em 1857, já a apanhara quase pronta, junto com mais de 50 ranchinhos cobertos de palha e uma casa de tijolos que Antonio Carlos de Arruda Botelho, futuro conde do Pinhal, mandara construir.

Em meados do mesmo ano, o presidente da Província de São Paulo assinou o ato de criação do Distrito de Paz de São Carlos do Pinhal, respondendo a pedido solicitado pela Câmara de Araraquara. Era esse o primeiro passo rumo à autonomia administrativa, já ensejada, ao que parece, pelos fazendeiros da região de São Carlos, sob proposta e presidência do mesmo Antonio Carlos. Os cargos de subdelegado de polícia e de juiz de paz foram logo preenchidos por membros das duas famílias, que mais tarde teriam influência na vida política local, pelo menos até o fim do Império: Camargo Penteado e Arruda Botelho.

São Carlos antes da ferrovia

Os indícios de que aquele local teria possibilidade de se transformar em uma próspera Vila do Império foram acumulados pela oligarquia local. Ainda em 1857, a primeira missa, os primeiros batizados e as bênçãos da capela; em 1858, uma cadeira de primeiras letras para o sexo masculino, a elevação do Distrito de Paz à categoria de Freguesia e a doação dos primeiros terrenos para a formação de seu patrimônio; em 1860, a nomeação, do primeiro pároco para a Freguesia, o português Joaquim Botelho da Fonseca; em 1862, a criação de uma cadeira de primeiras letras para o sexo feminino e a apresentação do primeiro espetáculo dramático (a peça "Um caipira logrado") encenado por um grupo de artistas amadores saídos da elite local, entre os quais o então jovem José Ignácio de Camargo Penteado, que mais tarde se transformaria no famoso major José Ignácio, político que será várias vezes referido à frente.

Realizada anualmente em 4 de novembro, a procissão em homenagem a São Carlos Borromeu, padroeiro da cidade, é evocativa da fundação do município. *Ao lado*, mapa da cidade, elaborado pela Companhia Paulista de Eletricidade em 1918, com o percurso das linhas de bonde. Nos destaques, os principais prédios públicos da época.

Tal foi o desenvolvimento da Freguesia que a Assembléia Provincial, por lei de 18 de março de 1865, elevou-a à categoria de Vila. A primeira Câmara Municipal foi empossada

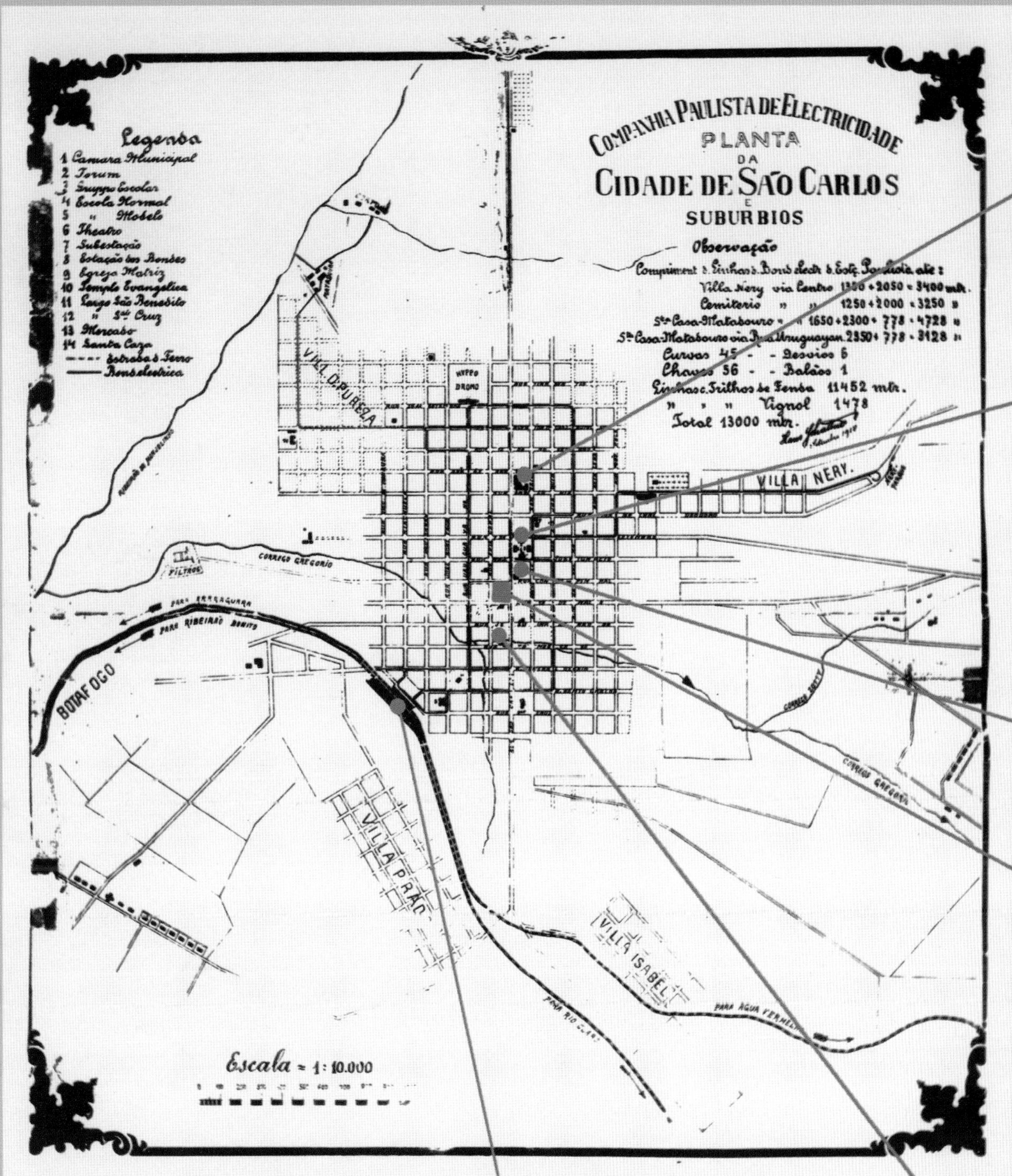

Companhia Paulista de Electricidade
PLANTA
DA
CIDADE DE SÃO CARLOS
E
SUBURBIOS
Legenda
1 Camara Municipal
2 Forum
3 Gruppo Escolar
4 Escola Normal
5 " Modelo
6 Theatro
7 Subestação
8 Estação dos Bondes
9 Egreja Matriz
10 Templo Evangelico
11 Largo São Benedito
12 " Sta Cruz
13 Mercado
14 Santa Caza
Observação
Villa Nery via Centro 1350+2050=3400 mtr.
Cemiterio " " 1250+2000=3250 "
Curvas 45 - - Desvios 6
Chaves 56 - - Balãos 1
Total 13000 mtr.
VILLA NERY.
HYPPODROMO
CORREGO GREGORIO
BOTAFOGO
VILLA PRADO
VILLA ISABEL
Escala = 1:10.000

S. CARLOS: IGREJA MATRIZ

S. CARLOS: MERCADO MUNICIPAL
Phot. PEREZ

A avenida São Carlos, altura da praça cel. Salles, em três momentos: na foto maior, nota-se à direita a indicação do posto de gasolina que existia onde foi edificada, no final dos anos 40, a sede do São Carlos Clube (foto menor inferior). Acima, uma vista noturna da praça (esquina da avenida São Carlos com rua major José Ignácio), em que o destaque são os trilhos do bonde refletindo a luz.

Formação do Território
Distritos

Com 1.141 km^2, o território ocupado pelo município de São Carlos o coloca no 25° lugar entre os mais extensos do Estado de São Paulo. E essa área já foi maior, eis que dela foram destacados 289 km^2 que hoje formam o município de Ibaté, emancipado na década de 50 do século passado.

Ibaté era, então, um dos três distritos de São Carlos e o mais antigo deles – os outros dois eram Santa Eudóxia e Água Vermelha, que assim permanecem até hoje. Sua origem remonta ao final do século XIX e coincide com o incremento da cultura do café em fazendas da região, notadamente naquelas mais próximas à estrada de ferro, que chegou a São Carlos em 1884. No ano seguinte, quando a ferrovia foi levada até Araraquara, inaugurou-se a Estação Visconde do Pinhal. Foi nas proximidades dessa estação que surgiu uma pequena povoação chamada São João da Lagoa.

Conta a História que seus fundadores foram o tenente-coronel João Evangelista de Toledo e seus genros, José Candido Porto e Capitão Candido Trippeno. Parece, no entanto, que foi este último, que ali residia e tinha comércio, o grande incentivador do povoado e o maior responsável pela criação do Distrito Policial, fato ocorrido em 31 de janeiro de 1893. Político republicano, Trippeno contribuiu também para que, poucos anos mais tarde, em 24 de outubro de 1900, com a forte influência do major José Ignácio de Camargo Penteado, um decreto elevasse a povoação à categoria de Distrito de Paz, passando a ser chamada por Vila de Ibaté. Em 1908, a Estação Visconde do Pinhal teve a denominação alterada para Estação Ibaté.

A então Vila de Ibaté desenvolveu-se com a economia com base no cultivo do café realizado nas grandes fazendas. A primeira capela da Vila foi a de São Benedito, construída logo na constituição da povoação. Pouco depois, por iniciativa do capitão Tripeno, foi iniciada a construção da Igreja Matriz.

No dia 30 de dezembro de 1953, Ibaté foi elevada a categoria de Município, elegendo no ano seguinte o primeiro prefeito, Donato Rocitto. Em 1° de janeiro de 1955, o juiz da Comarca de São Carlos, presidiu a sessão solene de instalação da Câmara Municipal de Ibaté que, em seguida, empossou o prefeito eleito.

Com a economia fundamentada na produção sucroalcooleira, Ibaté conta hoje com população de mais de 30.000 habitantes.

Santa Eudóxia, o segundo distrito mais antigo, também tem suas origens no século XIX, quando posseiros instalaram-se às margens do córrego Itararé, afluente do Ribeirão do Quilombo, por sua vez tributário do Rio Mogi Guaçu. No ajuntamento, foi erigida uma capela dedicada a São Sebastião. E foi este o seu primeiro nome, São Sebastião do Itararé, depois São Sebastião do

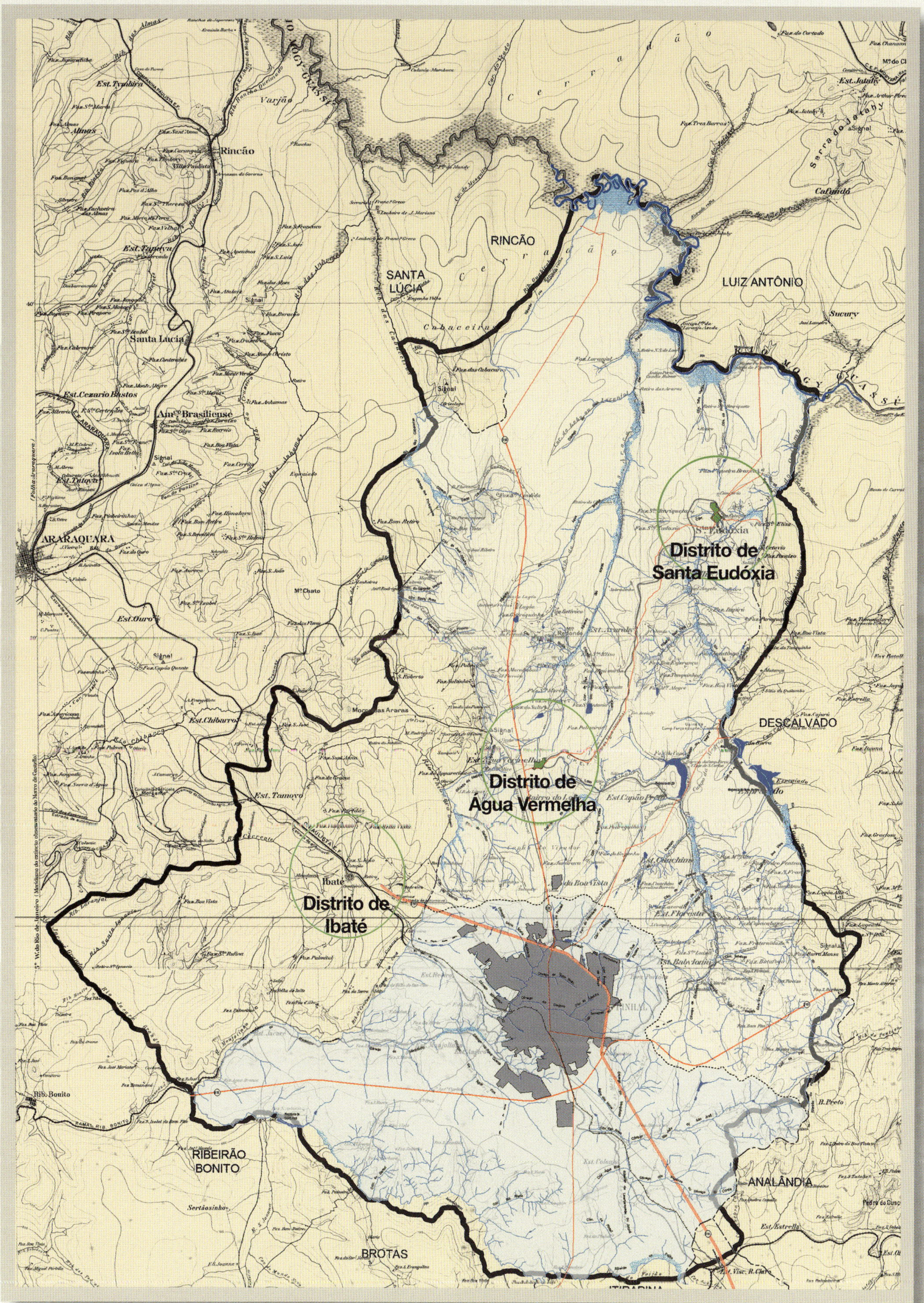

Sobreposição de mapas de épocas diferentes dá idéia das mudanças nas divisas do município no decorrer do tempo.

Quilombo. Seu território ocupa terras da antiga Sesmaria do Quilombo, doadas pelo Visconde da Cunha Bueno e por Fabiano e Simplício da Cunha.

Distrito Policial em 1899, Santa Eudóxia foi elevada a Distrito de Paz em 25 de dezembro de 1912, e em 1933 tornou-se Distrito do Município.

A região cresceu de forma significativa, a partir da segunda metade do século XIX, com a chegada do café. Para isso, contribuiu fundamentalmente o Visconde da Cunha Bueno, cuja fazenda recebeu o nome de Santa Eudóxia em homenagem à memória de sua mulher. Em pouco tempo, Santa Eudóxia tornou-se a maior produtora de café da região, alcançando marcas significativas: em 1897 e em 1899, a fazenda produziu 60.000 arrobas. Em 1905, um milhão de pés de café estavam ali plantados; em 1916, atingiu a marca de 1, 2 milhão de pés.

A produção era escoada pelo rio Mogi-Guaçu até Porto Ferreira. Com a chegada da ferrovia a São Carlos, em 1884, passou a ser transportada por lá. Em 20 de setembro de 1893, a Companhia Paulista de Estradas de Ferro inaugurou o ramal de Santa Eudóxia.

Com a epidemia de febre amarela em São Carlos, na última década do século XIX, muitas famílias de São Carlos buscaram refúgio em Santa Eudóxia. Um dos resultados dessa migração foi a construção da Igreja de Santa Eudóxia, financiada por vários fazendeiros de São Carlos.

Hoje, a população de Santa Eudóxia, formada principalmente por descendentes de imigrantes europeus, que vieram trabalhar nas fazendas de café da região, é de aproximadamente três mil pessoas, sendo ainda predominantes as atividades rurais.

O distrito conta com várias fazendas históricas do período cafeeiro, entre elas, a Fazenda Grande (Fazenda Santa Eudóxia), tombada pelo CONDEPHAAT, e a Fazenda Figueira Branca.

Santa Eudóxia: fazenda Santa Eudóxia e fazenda Figueira Branca (acima). Água Vermelha: a Pharmacia Pacheco e fazenda do coronel Gentil de Castro, com ramal ferroviário (abaixo).

Água Vermelha tornou-se Distrito apenas em 24 de dezembro de 1948. Mas a povoação, tal como as demais, também surgiu no final do século XIX, na rota da expansão ao sertão paulista. A construção do ramal ferroviário, em 1892, vocacionou o vilarejo como entreposto comercial. O ramal – que esteve ativo por setenta anos, até 1962 – servia para o transporte do café produzido pelas fazendas da região até São Carlos.

A memória da tradição comercial de Água Vermelha ainda se mantém viva com a recuperação do antigo armazém. O prédio data da década de 1880 e recebeu algumas modificações nos anos seguintes. Em 1912, Francisco Pulcinelli, um imigrante italiano vindo da fazenda Figueira Branca, adquiriu-o e nele montou um armazém de secos e molhados, a Casa Pulcinelli. O armazém seguiu com seus herdeiros e deixou de funcionar apenas na década de 1980. O prédio passou por um processo de recuperação e restauro e nele foi instalada a Biblioteca de Água Vermelha.

O ecoturismo é o principal ponto de investimento turístico na região e tem atraído muitos visitantes, principalmente pela iniciativa da Estância Ecológica Vale do Quilombo, que tem como sede uma antiga fazenda de café, a Argentina. A posição estratégica do distrito, entre São Carlos e Santa Eudóxia, ainda garante a passagem de muitos turistas que seguem rumo às fazendas mais ao norte, que atraem por seu potencial histórico.

Água Vermelha: o antigo armazém Casa Pulcinelli (edifício à esquerda na foto antiga) hoje transformado em biblioteca municipal. Seu fundador, Francesco Pulcinelli, era italiano de Pisa (Toscana) e se casou em 1892 com Maria Biason, proveniente de Giai (Venezia).

em setembro do mesmo ano e todos os seus membros, sem exceção, eram fazendeiros na região. As reuniões ocorriam em residências particulares, pois o governo municipal não contava ainda, nesses tempos, com uma sede própria. No ano seguinte, a própria Câmara homologaria as primeiras posturas municipais. Outra providência imediata foi a criação do Termo de São Carlos, com a nomeação de um delegado de polícia e de vários juízes municipais, também todos proprietários de terra.

O Visconde de Taunay, em visita ao interior paulista em julho de 1867, registrou sua passagem por São Carlos, a qual se referiu como "simples povoação no nascedouro (...), pitoresca e faceira na sua recente voga. As casas são todas novas e pintadas a capricho, as ruas alinhadas, se bem que pessimamente niveladas. Já há uma igreja e um hotel, em que se come em mesa redonda"[2].

O sítio urbano, tal qual o compreendemos hoje, era então formado por aproximadamente dez quarteirões distribuídos ao redor da capela, em seis ruas. Tanto a capela quanto o cemitério, obras públicas fundadoras da nascente povoação, foram remodelados em 1868 e 1872, respectivamente. Já não se enterravam mais os mortos no adro da igreja. O atual Largo de São Benedito abrigou o primeiro cemitério externo do município. O novo templo foi construído, como o primeiro, de madeira. O cemitério seria transferido em 1882 para outro local mais afastado da povoação.

Nessa época, a principal estrada era a que descia até Rio Claro, aos pés do planalto, e que depois ia ter a Piracicaba, Campinas, Jundiaí, São Paulo e, finalmente, Santos. Por aí fluíam os principais produtos da região, que eram comercializados nas praças mais adiantadas ao sul. Pelo outro lado, o prolongamento dessa estrada conduzia a Araraquara, de onde saía outra picada rumo a Minas e Goiás. Obviamente, o primeiro trecho assumia maior importância que o segundo e os próprios moradores da região estavam mais interessados em sua conservação. A Guerra do Paraguai, nos anos 1860, forçara o governo, no entanto, a se importar mais com a qualidade das estradas rumo ao norte. Nesse conflito, a pequena vila, que ainda não completara sequer uma década de existência, contribuiu com quatro combatentes que, incorporando-se a outros 34 de Araraquara, partiram para o front. Onze deles retornaram: nove de Araraquara e dois de São Carlos.

Em 1873, o Almanaque da Província de São Paulo, publicado por Luné e Fonseca, dedicou três páginas a São Carlos, destacando que em suas terras já se cultivava café em quantidade e cana-de-açúcar (55 e 10 fazendeiros, respectivamente). Apresentadas as autoridades municipais, tal obra acrescentava uma lista nominativa dos profissionais, comerciantes e artesãos que exerciam seus ofícios, atraídos pela pujança do nascente burgo. Dela constam: 3 advogados, 2 médicos práticos, 2 farmacêuticos, 11 lojas de fazendas, 27

O major José Ignácio, influente político local, ainda jovem, e mais tarde, acompanhado de sua esposa. Nascido em Capivari, o major mudou-se para São Carlos em 1857, junto com seu pai. Considerado "o patriarca de São Carlos", acompanhou todo o desenvolvimento do município, até seu falecimento em 1915.

armazéns de molhados, 4 alfaiates, 1 alugador de animais, 1 bilhar, 18 carpinteiros, 3 ferradores, 3 ferreiros, 2 fogueteiros, 4 funileiros, 1 hotel, 1 maquinista, 4 marchantes, 2 marceneiros, 2 padeiros, 5 pedreiros, 6 sapateiros, 4 seleiros e 2 torneiros.

O progresso foi confirmado pelo recenseamento realizado em 1874. Já contava a Vila de São Carlos com 6.897 habitantes, mais de dois terços da população de Araraquara, de quem fora distrito havia menos de duas décadas. Os núcleos mais importantes da região permaneciam os mesmos do recenseamento anterior, feito em 1854: Rio Claro e Limeira apresentavam perto de 15 mil habitantes e, em seguida, vinha Araraquara, com 9.767 habitantes. Logo depois, porém, em vez de Jaboticabal ou Descalvado, surgiria São Carlos como quarta Vila da região em contingente populacional. Desses moradores, a grande maioria residia na zona rural e cerca de um quarto do total eram escravos.

Durante a década de 1870, dois surtos de varíola, o primeiro em 1874 e o outro em 1879, constituíram a maior ameaça ao desenvolvimento de São Carlos. O primeiro surto da epidemia foi o mais grave e atingiu a cidade em dezembro de 1874, prolongando-se durante meses, matando muitas pessoas e afugentando outras. Grande parte da população refugiou-se nas fazendas, acreditando assim escapar da doença. O próprio Jesuíno Soares de Arruda, que a tal época habitava a chácara do Brejo, nas imediações do atual mercado municipal, em ato de desprendimento, desocupou sua propriedade e entregou-a aos médicos para servir de hospital de emergência. Persistia assim em sua carreira de benfeitor da cidade, até morrer com poucos recursos, em 1895. Por outro lado, a experiência com o primeiro surto de varíola fez com que o segundo, em 1879, não provocasse o mesmo pânico e tivesse conseqüências muito menores. À essa época, já por aqui se encontravam pelo menos dois médicos formados, Antonio Rodrigues Cajado e Rodolpho Gastão Fernandes de Sá. Bem antes disso, em 1867, residira aqui o médico italiano Ernesto Lancia, procedente de Novara, que, dois anos depois, casou-se com a filha de João Carlos de Arruda Botelho e mudou-se para Araraquara. Curiosamente, esse foi o primeiro italiano a se casar em São Carlos.

De qualquer modo, os surtos epidêmicos constituíam uma ameaça constante à cidade, circunstância que motivou a construção de um Lazareto para Variolosos, destinado a isolar doentes, inaugurado em 1888. Entretanto, o descompasso entre, de um lado, o ritmo intenso de chegada de imigrantes e de ex-escravos à cidade e, de outro, o oferecimento de uma infra-estrutura urbana mínima, contribuía para o agravamento das condições sanitárias. Mais tarde, em 1892, outro surto de varíola surgiria, vitimando quase meia centena de pessoas.

Muito mais devastadores, no entanto, seriam os efeitos de uma longa epidemia de febre amarela que atingiria a cidade nos últimos anos do século XIX. Antes restrita ao litoral, a febre subira o planalto em 1889, grassando por cerca de quinze anos em uma vasta área por onde se disseminavam as plantações de café. A epidemia prostrara Campinas em 1890, Rio Claro e Descalvado em 1894, e já em 1892 há menção de casos isolados da febre em São Carlos. O primeiro caso fatal parece ter surgido aqui em 1894, coincidentemente no mesmo ano em que começaram as obras do primeiro pavilhão da Santa Casa de Misericórdia. Mas a doença progrediu rapidamente: em 1895 houve nove óbitos, e no mês de novembro a intendência promulgou um edital tornando obrigatória a comunicação dos casos, o isolamento do doente no lazareto ou no domicílio e a desinfecção deste.

O pior, entretanto, estaria por vir: em 1896, 1897 e 1898 – os anos mais agudos da epidemia – os registros do cemitério apontaram 243, 133 e 487 óbitos respectivamente. Nesse último ano, a febre amarela fora a causa de 36% dos falecimentos registrados no município, dados provavelmente subestimados. Muitos cadáveres foram enterrados sem especificação da causa mortis, sobretudo em fazendas.

No início de 1896, o inspetor da Diretoria Sanitária do Estado apontou o local de maior incidência da epidemia, coincidente com a concentração do grosso dos imigrantes - sobretudo italianos - na zona urbana, delimitada pela área entre a estação e o mercado. De fato, os italianos representaram cerca de 70% dos óbitos registrados nos três anos mais agudos da epidemia.

Desorientada, a população fugia em massa para outras cidades ou para as fazendas. A cidade permaneceu esvaziada, o comércio capengando em seu funcionamento, os jornais diminuindo seus dias de circulação e, como conseqüência de muitos ausentes, os saques e roubos começaram a ocorrer, a exemplo do que já sucedera em outras cidades atingidas pela febre. Foi precisamente nessa época que agiu aqui, impune por pelo menos três anos, a famosa quadrilha Mangano, formada por calabreses.

Em julho de 1896, com a chegada do inverno, a epidemia arrefeceu e as escolas públicas reabriram suas portas. Mas em abril do ano seguinte, a Santa Casa – ainda em construção e só inaugurada dois anos depois, em 1° de novembro de 1899 –, que já era utilizada como isolamento, recebeu dois novos pacientes. No início de maio de 1897, a colônia italiana se rebelou contra a autoridade sanitária comissionada em São Carlos. A gota d'água teria sido a violência com que um italiano fora recolhido ao isolamento, despertando a solidariedade de seus compatriotas.

Em janeiro de 1898, outros casos surgiram e um colunista de um dos periódicos locais menciona, atônito, a existência de grupos armados de enormes porretes que procuravam, nas cercanias da estação, doentes de febre amarela.

O engenheiro italiano Pietro David Cassinelli, nascido em Genova em 1853, responsável por várias edificações importantes do final do século XIX, foi uma das vítimas da epidemia de febre amarela, morrendo em 1898.

Os palacetes do conde do Pinhal (superior), construído por Cassinelli, e de Bento Carlos de Arruda Botelho (centro), ambos ainda existentes defronte ao Jardim Público. Na foto inferior, o casarão do Major Manoel Antonio de Mattos, que ficava onde hoje se situa o fórum criminal. Na época em que foram construídos, o Jardim Público era o local preferido de residência dos grandes fazendeiros.

A febre atingia com mais intensidade os pobres, mas não poupava ninguém. O pároco Joaquim Botelho da Fonseca, o primeiro na cidade estabelecido, havia quase três décadas, não escapou. O mesmo fim teve o próspero engenheiro italiano David Cassinelli, construtor de obras importantes como os palacetes conde do Pinhal e Bento Carlos, o antigo Teatro São José e a sede da fazenda Santa Maria, casado sucessivamente com duas sobrinhas do Conde do Pinhal. A doença só seria erradicada em 1904.

Retornemos, porém, aos acontecimentos mais amenos da década de 1870, que atestavam a efervescência da vida urbana, como a criação do Clube Concórdia Familiar, em 1877, e a publicação de quatro jornais, sendo o pioneiro deles A Tribuna de São Carlos, editado por Ernesto Luiz Gonçalves em novembro de 1876. Também merece menção a presença de lojas maçônicas desde os albores do município. Entre 1874 e 1899 há notícia da fundação de pelo menos seis delas, as Lojas Liberdade 2ª, Fé e Perseverança, Estrella do Oriente, Christovão Colombo (que reunia italianos), Independência e Caridade e Eterno Segredo, esta atuante até os dias de hoje. Não se deve menosprezar a influência de tais lojas nos destinos do município. É fácil constatar a presença constante de maçons entre líderes e políticos municipais. Para ilustrar com um exemplo de épocas longínquas, basta mencionar que da meia dúzia de vereadores da terceira legislatura da Câmara Municipal (1874-1877), metade deles pertencia à primeira loja maçônica aqui fundada. Mais que isso, vultos de incontestável influência na vida local, como Jesuíno Soares de Arruda, José Ignácio de Camargo Penteado e o próprio pároco local Joaquim Botelho da Fonseca integravam a autodenominada "instituiçao das instituições".

O futuro revelava-se promissor e os fazendeiros locais, que já sabiam disso, haviam empreendido as primeiras obras da estrada de ferro. Em 1880, providenciaram o máximo que São Carlos poderia alcançar administrativamente no Império: a elevação da Vila à categoria de Cidade e, simultaneamente, a criação da comarca judicial, instalada em 1882. Nesse mesmo ano foi aberto o novo cemitério na Vila Nery, no local onde mais tarde seria erguido o Estádio Ruy Barbosa, para o qual o próprio conde do Pinhal havia construído os muros e o portão de ferro. Mais dois anos e um novo edifício público seria entregue à cidade: o moderno prédio da Câmara, erguido com recursos tanto do Tesouro Provincial quanto de fazendeiros da região, na atual praça coronel Salles, em frente da atual sede social do São Carlos Clube.

O orgulho são-carlense mal se continha por todas essas realizações e era inevitável que grande parte desse ufanismo surgisse da prevalência de tantos feitos locais em relação aos da mais próxima vila, Araraquara. Esta somente ascenderia à categoria de cidade nos meses finais do Império. O recenseamento organizado em 1886 era eloqüente a esse respeito: São Carlos passara de 6.897 habitantes, em 1874, para 16.104, doze anos depois, enquanto Araraquara vira sua população diminuída em 200 pessoas no mesmo período. Data daí, com certeza, a enorme rivalidade entre as duas cidades, que vicejou em todo o século XX e, ainda que arrefecida, perdura até hoje.

Foi com tal espírito que essa próspera cidade do fim do Império entrou na Era da ferrovia.

Primeiros habitantes

Quando pessoas de influência da corte portuguesa – em geral proprietários de terras localizadas nas regiões favorecidas pelo ciclo do açúcar do início do século XIX – obtiveram concessões de terras na região, iniciou-se, como vimos, um intenso movimento de especulação imobiliária. A princípio pouco importante em termos de ocupação efetiva, à medida que as sesmarias foram demarcadas com vistas à exploração agrícola, tratou-se logo de promover a expropriação do "gentio nativo" da região.

Mas quem eram esses nativos e o que faziam? Na verdade, eram lavradores em busca de terras que os fariam pequenos proprietários no oeste, onde havia de uma vasta região inexplorada, de solo fértil e clima temperado. Nas áreas em torno dos caminhos antes percorridos pelas bandeiras, aglutinavam-se temporariamente, pois se utilizavam de técnicas agrícolas predadoras, formando pequenas lavouras de subsistência que substituíam a floresta virgem até então existente.

Em São Carlos, talvez o mais expressivo deles tenha sido um tal Gregório, que cá residia em 1831, quando a Sesmaria do Pinhal foi demarcada, à beira do riacho denominado inicialmente Agoas da Servidão, que atravessava a cidade e que herda seu nome. Outro deles foi Inacinho, um agregado que dava pousada aos viajantes, primeiro morador da rua Santo Inácio, depois chamada rua do Carvalho e, finalmente, rua Episcopal.

Com a organização das fazendas e a perspectiva de implantação de lavouras comerciais, essas pessoas foram expulsas, ou submetidas a variadas formas de arrendamento, ou, ainda, incorporadas como empregados para serviços variados nas grandes explorações agrícolas. Como não dispunham de nenhum poder ou influência capaz de converter a ocupação original dessas terras em posses legalizadas pela Coroa, foram em pouco tempo expropriados e marginalizados.

A expulsão dos caboclos posseiros também desempenhou outra função importante: a de manter os índios a distância da frente pioneira de lavouras para exportação. De fato,

A Igreja Presbiteriana organizou-se primeiro na zona rural e o primeiro culto foi oficiado em sítio do Monjolinho. Depois, na cidade, os cultos eram feitos em casas particulares. O seu templo (rua dona Alexandrina, esquina com rua São Sebastião), cuja contrução prolongou-se por muitos anos, foi inaugurado em 1893. Mas só mais tarde ele foi ampliado para ocupar toda a área do terreno, contruindo-se o corpo anexo e a torre, tal como hoje se encontra.

ao longo de dois séculos, ao serem empurrados cada vez mais para o interior de São Paulo, os posseiros também acabaram comprimindo a população indígena em direção ao sertão, atuando como amortecedores de conflitos entre os aborígenes e os fazendeiros.

Se muitos dos caboclos posseiros acabaram sendo assimilados como empregados nas propriedades rurais que avançavam, o mesmo jamais aconteceria com os índios, mais à frente. O contato com o homem branco sempre lhes significou cruel destruição, e a única maneira de escaparem ao extermínio era a fuga sertão adentro.

Na época da abertura da estrada de ferro, ligando Rio Claro à São Carlos, foram encontradas urnas funerárias e outros utensílios indígenas próximos à estação Conde do Pinhal. Reza a tradição que o próprio nome Pinhal – da sesmaria e depois da cidade (São Carlos do Pinhal) –, advém do "facto de terem sido plantados por esses selvagens uns velhíssimos pinheiros que existem nas proximidades d'aquelle local".[3]

Talvez a maior herança deixada pelos índios em território paulista tenha sido a população amestiçada, da qual derivaram originalmente muitas famílias de caboclos posseiros, fruto da proximidade, ainda que conflituosa, entre estes últimos e os aborígenes. Isso sem falar, é claro, no próprio conhecimento do território – sua geografia, fauna e flora –, de técnicas agrícolas e de sobrevivência em um meio hostil, e nas decisivas influências propriamente culturais, dentre as quais se destacam o legado lingüístico e as práticas culinárias.

A marginalização do negro, que vigiu como padrão em décadas subseqüentes à abolição do cativeiro, explica em parte a relativa carência de material iconográfico histórico sobre essa importante fração da população são-carlense. Na foto datada de fevereiro de 1915, Bernardino, um ex-escravo, empregado da família Kehl por mais de 60 anos.

Escravos

Enquanto a população indígena nada representava em termos de potencial produtivo, sendo por essa razão exterminada, os negros encarnavam quase toda a possibilidade de produção das fazendas em meados do século XIX. Foram fartamente empregados no trabalho, tanto dos engenhos e das lavouras de açúcar quanto das fazendas cafeeiras formadas ao longo da marcha do café.

A data da fundação de São Carlos, em 1857, coincide com o declínio do regime escravista no Brasil. A lei que extinguiu o tráfico negreiro, promulgada em 1850, era o prenúncio de que a mão-de-obra seria escassa a partir dali, o que fez o valor dos escravos praticamente dobrar na região. Tal alteração reflete a extinção do tráfico, sem dúvida, mas também o fato de a região estar se transformando em área de lavouras comerciais.

Apesar disso, durante mais de 30 anos, os fazendeiros da região ainda continuaram utilizando o trabalho escravo. Este representava a garantia de existência do latifúndio, que se esfacelaria na ausência de braços que mantivessem sua produção. A análise de inventários permite aquilatar a ampla utilização da escravaria nas propriedades rurais. Para se ater a dois casos conhecidos, os inventários abertos em 1862 e 1875, oriundos do falecimento das esposas de Antonio Carlos de Arruda Botelho e Francisco da Cunha Bueno, assinalaram contingentes de 49 e 89 escravos respectivamente.

Inicialmente, os escravos eram trazidos dos municípios vizinhos – por seus donos, que já os possuíam em propriedades rurais em outras regiões. Assim, por exemplo, para a formação da futura Fazenda Santa Eudóxia, Francisco da Cunha Bueno e seu sobrinho e genro, Alfredo Ellis, trouxeram em 1874 cerca de 100 escravos negros e mulatos, provavelmente originários das outras propriedades que o primeiro já possuía em Itaqueri, próximo a São Pedro. O mesmo ocorreu com João Alves de Oliveira, procedente de Minas Gerais, para a abertura de sua fazenda na Sesmaria do Monjolinho.

Esse personagem tornou-se conhecido na história da cidade por se opor à construção da capela, que deu origem à povoação, no local onde se encontra a atual catedral. Consta que deveria ser erigida em terreno pertencente à Sesmaria do Monjolinho, de sua propriedade, no local onde depois se ergueu a Escola Normal. O fazendeiro, entretanto, se opôs a tal solução, alegando que, ficando demasiado próxima da sede de sua fazenda, localizada à margem do Monjolinho, próximo da atual Universidade Federal, a povoação seria motivo para distrair e perverter seus escravos. Os fundadores julgaram seu argumento injustificável e decidiram erigir a capela no limite norte da Sesmaria do Pinhal, em terreno o mais próximo possível do local originalmente escolhido. Jesuíno de Arruda trouxe então um carpinteiro, de Piracicaba, para dar início à construção do modesto templo, utilizando-se de escravos cedidos por fazendeiros como mão-de-obra. João Alves de Oliveira, irritado com a decisão de Jesuíno e dos Botelhos, impediu até sua morte, em 1866, que a povoação se estendesse rumo a suas terras. Intransigente, ele próprio, quando necessitava de mantimentos, não se abastecia em São Carlos e se sujeitava a buscá-los em Araraquara ou Rio Claro. Por seu desejo expresso, também não foi sepultado em São Carlos.

Alexandrina Melchíades de Alkmin. Após enviuvar, dona Alexandrina doou terras ao patrimônio do município, contrariando a vontade de seu marido que, em vida, se negara peremptoriamente a fazê-lo. Foi essa doação que possibilitou a expansão urbana da cidade rumo ao norte.

Um ano após sua morte, sua viúva, d. Alexandrina Melchíades de Alkmin, aconselhada por amigos, resolveu destravar o desenvolvimento da cidade rumo ao norte, doando cerca de 30 alqueires de suas terras à Câmara Municipal, para que esta demarcasse os quarteirões e vendesse os terrenos a particulares, revertendo o produto à construção da Igreja Matriz. Para se ter uma idéia precisa do que isso representou, a zona doada ia, rumo ao norte, da catedral até as proximidades da atual rua Orlando Damiano e, abrangia, na largura, todo o território compreendido entre as ruas José Bonifácio e Pedro II.

Na medida em que a região de São Carlos foi se constituindo, ao final do Império, como frente pioneira do café, solicitando, assim, mais braços, os cafeicultores tiveram de importar escravos de outras províncias, sobretudo nordestinas, ainda que a um preço exorbitante.

Em 1852, quando o município ainda não havia sido criado, o número total de escravos em Araraquara, município que deu origem ao de São Carlos, era de 1.176. Mais de 20 anos depois, em 1874, São Carlos abrigaria em suas fazendas perto de 1.600 escravos, quase o mesmo número que Araraquara. Nos dez anos seguintes, o emprego de escravos mais do que dobrou: em 1884, havia 3.774 deles no município, o sétimo contingente de todo o estado. Tal cifra diminuiu muito pouco até as vésperas da abolição. Em relação à Araraquara, São Carlos, ao longo dos dez anos que precederam a abolição, sempre dispôs de aproximadamente o dobro do número de escravos. Rio Claro, por outro lado, sempre contou com uma população escrava um pouco maior que a de São Carlos.

A importância do trabalho escravo durante a consolidação do município de São Carlos torna impossível – por mais que isso já seja conhecido – omitir as condições infrahumanas de sobrevivência da população escrava. Com exceção de um dia de descanso semanal, a jornada de trabalho estendia-se de sol a sol e, em época de colheita, mesmo ao escurecer. Como o ritmo da produção dependia do ritmo do trabalho, este era supervisionado por capatazes geralmente impiedosos. Pouco tempo sobrava para lavouras de subsistência e, aos domingos, os escravos caçavam e pescavam para complementar a alimentação. As senzalas alinhavam-se sob a forma de um quadrado com uma única saída. Eram alojamentos sujos e sem nenhum mobiliário. As roupas eram feitas pelas mulheres, que recebiam pano uma vez por ano. Todas essas condições somadas, certamente, resultavam em uma baixa expectativa de vida para a população negra.

Mesmo que sabidamente leviana, a fiscalização exercida pelo governo do cumprimento das disposições legais relativas aos escravos soava aos fazendeiros mais como uma intromissão em seus patrimônios, o que lhes causava um imenso dissabor. A Junta de Classificação de Escravo, que deveria registrar e classificar todos os escravos do município, com o intuito de proporcionar-lhes a alforria, foi instituída em 1871, mas somente entraria em funcionamento em São Carlos quatro anos depois, em 1875. Mesmo depois disso, os juízes, controlados pela oligarquia local, tanto atrasavam sistematicamente a classificação dos escravos a serem alforriados quanto retinham as cartas de libertação aprovadas. Em dez anos de funcionamento, até 11 de março de 1885, apenas 33 escravos em São Carlos tinham sido favorecidos pelas cotas distribuídas pelo Fundo de Emancipação do Governo.

O grosso das alforrias obtidas correspondia à aplicação das duas leis que antecederam a abolição: a Lei do Ventre Livre, de 28 de setembro de 1871, foi a maior responsável, até a abolição, pelo surgimento de escravos livres: os ditos “ingênuos” foram mais de 2 mil, segundo os registros de batismo no período no município; de 1885 a 1888, a Lei dos Sexagenários foi responsável por 168 libertações. Embora os fazendeiros se esforçassem para aparentá-las como concessões caridosas, ambas as leis surgiram como fruto de rebeliões cada vez mais constantes e

Maria Domingas, Adalberto (Bebeto), Henriberto, Hermógenes e Diógenes (à esquerda), filhos de Gervásio Gonçalves que, por mais de uma década foi presidente do Grêmio Recreativo Familiar Flor de Maio. Abaixo, os irmãos Gonçalves aparecem em apresentação musical juntamente com o jogador Rosa Branca (em pé, o segundo à esquerda), com quem Bebeto e Diógenes jogaram no famoso time de basquete do São Carlos Clube, na década de 1950.

pelo crescimento geral da campanha abolicionista, que contava inclusive com o apoio de alguns membros da influente maçonaria local.

Submetidos a toda sorte de injustiça e a um regime de violências, em que eram comuns as agressões físicas, os escravos muitas vezes também reagiam com violência, em geral contra os capatazes ou administradores das fazendas. Normalmente, como não dispunham de armas de fogo, utilizavam-se de facas. Durante os anos que precederam a abolição, os conflitos avolumaram-se e as fugas tornaram-se mais freqüentes e planejadas.

Os fazendeiros da região, premidos entre a expansão de suas lavouras e a escassez de braços escravos, não hesitaram em incentivar a imigração estrangeira. No entanto, revelaram também um profundo apego aos escravos ainda existentes, repelindo qualquer articulação abolicionista, atitude que só seria reavaliada nos últimos meses que precederam a abolição, quando o controle das fugas e rebeliões se mostrara impraticável e o desfecho, inevitável.

Ainda que os fazendeiros pudessem ter se convencido da viabilidade do trabalho livre muito antes da abolição, a maior parte deles tardou a se manifestar nesse sentido. Mas, próximo à abolição, grande parte do trabalho assalariado já estava implantado e os fazendeiros não tinham mais dúvida de que a adoção da mão-de-obra imigrante seria capaz de preservar o sistema de grandes lavouras. Havia muito os escravos estavam sendo substituídos pela mão-de-obra imigrante. Na Fazenda Palmital, em São Carlos, no ano seguinte à libertação dos escravos, dos 23.739 alqueires de café colhido, apenas 16% o foram pelas mãos de negros libertos. Quase 80% da colheita foi realizada por colonos italianos.

Após a abolição, a sorte dos escravos teria sido melhor se o sistema de grandes lavouras implantado no oeste paulista também tivesse desaparecido. Provavelmente, sem a força de trabalho dos imigrantes, o latifúndio acabaria em pouco tempo se esfacelando e cederia lugar à pequena propriedade. No entanto, mantida a grande propriedade rural, aos libertos restaram poucas perspectivas de inserção e mobilidade social.

Alguns deles, mesmo após a abolição, permaneceram nas fazendas, ainda que discriminados e recebendo um salário menor que os colonos imigrantes. Foi o caso ocorrido na Fazenda Palmital, onde mais de dois terços deles ainda estavam presentes em 1889. Outros, entretanto, vieram para a cidade, aglutinando-se nas zonas então periféricas que ligavam o núcleo urbano a diferentes áreas rurais. Assim surgiram alguns bairros com significativa população negra, como a Vila Isabel, a Vila Pureza e a própria Vila Nery, em seus primórdios.

Marcados pela discriminação, passaram a experimentar, agora como indivíduos livres, o desprezo de todas as classes da estrutura social paulista. Algumas décadas após a abolição, os

A musicalidade de origem africana fez com que o carnaval, desde cedo, constituísse um período de afirmação e mobilização da comunidade negra local. Na foto maior, de fevereiro de 1935, músicos e passistas reunidos em frente a sede (localizada à rua Conde do Pinhal), ainda provisória, do Flor de Maio, agremiação fundada em maio de 1928. Observe-se, à esquerda da foto, a formação de sopro, percussão e banjo que compunha o conjunto de jazz. Nas fotos menores, o registro do passeio de amigas pelo Jardim Público e a celebração, em 1947, da Rainha do Carnaval, concurso que marcava um momento de valorização da raça.

FLOR DE MAIO

negros da cidade de São Carlos reuniam-se semanalmente para cantar e fazer batucada na Vila Pureza, em um terreiro próximo ao atual campus da Universidade de São Paulo. O local era conhecido por toda a população branca pelos sugestivos nomes de "cinzeiro" e, mais tarde, "bola preta".

Foi, no entanto, um liberto, Benedito José Gomes, conhecido por Benedito Monjolo, quem mais se empenhou, na virada do século, para que o local do primeiro cemitério da cidade fosse cedido para a construção de um templo em devoção a seu padroeiro, São Benedito. Organizou a captação de donativos na cidade, acompanhada de uma banda de música, para cativar o público e facilitar as doações.

A partir das últimas duas décadas do século XIX, a chegada maciça de imigrantes alterou completamente a composição populacional de São Carlos. *Na página ao lado*, as famílias italianas Rispoli (superior esquerda) e Lazzarine (superior direita), reunidas ao redor de seus patriarcas. Philomeno Rispoli (de bigodes brancos) nasceu em Campolattaro, província de Benevento. Em São Carlos estabeleceu-se como importador de gêneros alimentícios provenientes da Itália. Fundou ainda o Hotel Beneventano, na esquina das ruas General Osório e Riachuelo. Giovanni Lazzarine (de barbas brancas) era proveniente de Rovigo e na foto encontra-se entre seus dois filhos Primo e Angelo. Na foto maior ao lado, a família Auad, proveniente da Síria: Azize, Elias (o pai), Antonio, Rosa (a mãe) e Joana Calif, irmã de Rosa. Elias foi mascate e depois abriu em São Carlos a loja Ao Bom Preço, no prédio onde hoje está a sede da Associação Comercial. Phelippe Assef (abaixo), nascido na Síria, cujo pai, Jorge Assef instalou a Grande Charutaria Syria, por volta de 1906, também à rua General Osório. Essa tradicional tabacaria, renomeada São Jorge, funcionou até os anos noventa.

Imigrantes

Entre ex-escravos marginalizados e as elites de fazendeiros, acomodou-se o grosso da imigração estrangeira. Fortalecida a partir das últimas décadas do século XIX, constituiu-se no fenômeno social que deixou mais influência em uma vasta região do território paulista, na qual se inclui naturalmente o município de São Carlos. Muito pouco será possível compreender a respeito do município sem a consideração devida de todo o peso da história dos imigrantes, um dos episódios mais volumosos da história local.

A primeira turma de imigrantes de que se tem conhecimento foi trazida para São Carlos em 1876 por iniciativa particular de Antonio Carlos de Arruda Botelho. O conde do Pinhal financiou a vinda de 100 famílias alemãs que se instalaram em sua fazenda em uma colônia construída para esse fim, próxima à estação ferroviária Conde do Pinhal, hoje desativada.

A absorção de levas significativas de imigrantes pelo município de São Carlos ocorreu durante os primeiros anos da década de 1880. Em 1881, um memorial histórico-topográfico do município enviado à Biblioteca Nacional assinalava que "ultimamente muitos lavradores tem experimentado com sucesso a applicação do trabalho livre estrangeiro nas suas lavouras".[4] Durante mais de 20 anos, até 1904, os imigrantes chegados em São Carlos, em sua enorme maioria, eram provenientes da Itália. Em 1886, o afluxo de imigrantes para São Carlos somente foi ultrapassado pelo de Campinas. Dos 533 imigrantes presentes no município neste ano, 458 eram italianos. Nos primeiros dez anos que se sucederam à vinda das famílias alemãs trazidas pelo conde do Pinhal, a importação de imigrantes generalizou-se, a ponto de, já em 1886, cerca de um oitavo (2.051 habitantes) da população total do município (16.104 habitantes) ser constituído por imigrantes estrangeiros. Dentre esses, mais da metade eram italianos (1.050), os portugueses eram 464; e os alemães pioneiros, 371. A cifra

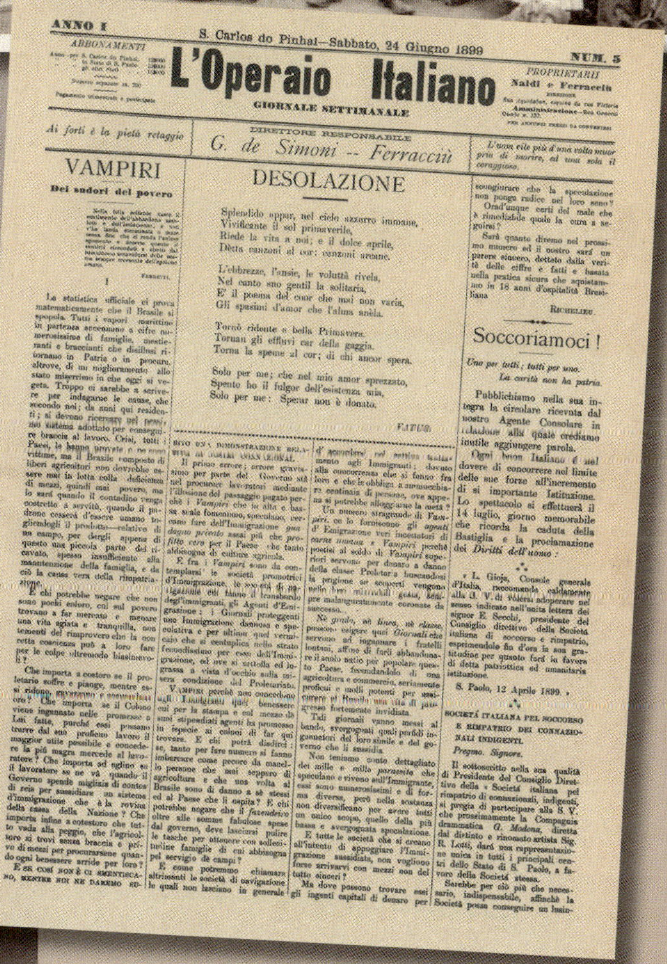

ANNO I — S. Carlos do Pinhal—Sabbato, 24 Giugno 1899 — NUM. 5

L'Operaio Italiano

GIORNALE SETTIMANALE

PROPRIETARII Naldi e Ferracciù

Ai forti è la pietà retaggio

DIRETTORE RESPONSABILE *G. de Simoni -- Ferracciù*

L'uom vile più d'una volta muor pria di morire, ed una sola il coraggioso.

VAMPIRI

Dei sudori del povero

La statistica officiale ci prova matematicamente che il Brasile si spopola. Tatti i vapori marittimi in partenza accennano a cifre numerosissime di famiglie...

DESOLAZIONE

Splendido appar, nel cielo azzurro immane,
Vivificante il sol primaverile,
Riede la vita a noi; e il dolce aprile,
Dètta canzoni al cor: canzoni arcane.

L'ebbrezze, l'ansie, le voluttà rivela,
Nel canto suo gentil la solitaria,
E' il poema del cuor che mai non varia,
Gli spasimi d'amor che l'alma anèla.

Tornò ridente e bella Primavera.
Tornan gli effluvi car della gaggia.
Torna la speme al cor; di chi ancor spera.

Solo per me; che nel mio amor sprezzato,
Spento ho il fulgor dell'esistenza mia,
Solo per me: Sperar non è donato.

...scongiurare che la speculazione non ponga radice nel loro seno?
Orad'unque certi del male che è rimediabile quale la cura a seguirsi?
Sarà quanto diremo nel prossimo numero ed il nostro sarà un parere sincero, dettato dalla verità delle ciffre e fatti e basata nella pratica sicura che aquistammo in 18 anni d'ospitalità Brasiliana

RICHELIEU.

Soccoriamoci!

Uno per tutti; tutti per uno.
La carità non ha patria.

Pubblichiamo nella sua integra la circolare ricevuta dal nostro Agente Consolare in relazione alla quale crediamo inutile aggiungere parola.

Ogni buon Italiano è nel dovere di concorrere nel limite delle sue forze all'incremento di si importante Istituzione. Lo spettacolo si effettuerà il 14 luglio, giorno memorabile che ricorda la caduta della Bastiglia e la proclamazione dei *Diritti dell'uomo*:

« L. Gioja, Console generale d'Italia, raccomanda caldamente alla S. V. di volersi adoperare nel senso indicato nell'unita lettera del signor E. Secchi, presidente del Consiglio direttivo della Società italiana di soccorso e rimpatrio, esprimendole fin d'ora la sua gratitudine per quanto farà in favore di detta patriottica ed umanitaria istituzione.

S. Paolo, 12 Aprile 1899. »

SOCIETÁ ITALIANA PEL SOCCORSO E RIMPATRIO DEI CONNAZIONALI INDIGENTI.

Pregmo. Signore.

Il sottoscritto nella sua qualità di Presidente del Consiglio Direttivo della « Società italiana pel rimpatrio di connazionali indigenti...

Nos anos de 1920 e 1930, o fascismo arrebanhou adeptos na comunidade italiana, como evidencia a presença de "camisas negras" na reunião da Sociedade Dante Alighieri (foto maior). Família de Giuliano Parolo (acima), imigrante italiano, comemora 25 anos de Brasil. *L'Operaio Italiano*, periódico semanal editado em italiano por Giovanni de Simoni ao final do século XIX.

de 2.051 indivíduos europeus representava mais do que qualquer outro município (com exceção da Capital) podia contar, o que mostra que São Carlos se constituía em um dos pólos atrativos de imigração mais importantes do Estado de São Paulo no final do século XIX.

Os imigrantes, de um modo geral, e os italianos, em particular, emprestaram nova vida e animação às fazendas e à cidade. No início, houve estranheza e dificuldades, conforme registrou em crônica Theodorico de Camargo (1948), pois "constituíam objeto de curiosidade para os nativos, devido a sua original indumentária e à estranha língua em que se expressavam. Alguns homens traziam brincos nas orelhas, e usavam roupas de veludo e sapatões ferrados; outros tinham gorros vermelhos à cabeça e, ao invés de calçados, conservavam pés e pernas envoltos em grossos panos presos por amarrilhos de barbante. As mulheres – em número muito menor que os homens – eram, em geral, bem apessoadas e donairosas. O seu traje predominante era constituído por um corpete justo e vermelho, sobre a blusa clara, um pequeno chalé colorido ao pescoço, cruzado sobre o peito e preso ao cinto, e um avental sobreposto à ampla saia rodada; nos pés, meias de lã e pesados chinelos de couro. Ignorando, por completo, certas providências de auto-defesa, exigidas pelo clima tropical e pelo meio em que iam viver, os que se destinaram à lavoura tiveram que pagar pesado tributo às endemias e aos mosquitos, bichos de pé e carrapatos que, além de atormentá-los, causavam-lhes enfermidades e chagas, de cura às vezes demorada" [5].

Do ponto de vista da aparência física das fazendas, a modificação mais notável foi a desativação das senzalas e o surgimento de pequenas casas, em geral enfileiradas e batizadas por colônias. Em uma mesma fazenda existiam várias colônias. Geralmente, localizavam-se nas diferentes áreas de plantação do café, conhecidas como talhões. Por isso, colônias e talhões em geral recebiam as mesmas denominações. Simples, rústicas e pequenas, as habitações das colônias tinham o mérito de formalmente distinguir e reconhecer seus moradores como livres da escravidão, o que para eles não deixava de ter importância. De modo geral, os imigrantes procuravam marcar distâncias em relação à população negra, alimentando o preconceito. Havia naturalmente disputas por postos no mercado de trabalho, mas, além disso, o exame de processos criminais revela uma extensa pauta de conflitos e violências entre negros e imigrantes brancos, boa parte deles ocorridos quando os primeiros reivindicavam tratamento igual ao dos últimos. Como os imigrantes eram cada vez mais numerosos e os fazendeiros muitas vezes os encaravam como racialmente superiores, os negros raramente levavam a melhor nesses conflitos.

São Carlos deve ter ainda recebido contingentes mais ou menos volumosos de migrantes provenientes de outras regiões do Brasil, sobretudo retirantes da grande seca ocorrida nas províncias do Nordeste. No entanto, como não apareciam nos relatórios governamentais, é difícil a avaliação numérica do que representavam, só podendo ser estimada precariamente. Em 1895, no entanto, durante a epidemia de febre amarela, os nordestinos foram notados pelo fato de aparentarem imunidade, contrastando com os imigrantes italianos, mais suscetíveis à doença. No mesmo ano, na Fazenda Santa Eudóxia, em São Carlos, turmas volantes de camaradas baianos trabalhavam na derrubada de matas, recebendo por dia.

No entanto, entre todos os imigrantes predominavam mesmo os italianos, vindos, sobretudo, do Vêneto e da Calábria. Eram perfis relativamente diferentes: os do Vêneto, mais numerosos, dedicaram-se, sobretudo, às lides rurais, como colonos. O calabrês, por sua vez, desde logo apresentou um perfil mais urbano, tendo se dedicado aos serviços e ofícios que a cidade comportava. Daí sua maior visibilidade.

A preponderância dos italianos era muito expressiva. Em 1899, uma década após a abolição, a transição para o trabalho imigrante já se completara e um levantamento a respeito da situação agrícola do município mostrou que São Carlos contava, então, com um total de 15.688 trabalhadores rurais. Os imigrantes constituíam mais de 85% desta força de trabalho rural (13.418 pessoas). Dentre estes, a imensa maioria era composta de italianos (10.396); os brasileiros foram divididos pela cor e os brancos (1.028) quase se igualavam numericamente aos negros (1.242), provavelmente ex-escravos. Por essa época, a mão-de-obra imigrante era fortemente disputada entre os fazendeiros paulistas. Ao anúncio de grandes lotes de imigrantes embarcados em Santos com destino a São Carlos, era comum que, nas estações onde o trem parava, houvesse o assédio de comissários interessados em contratar os colonos para levá-los para outras localidades.

José Alves Margarido e Maria Pinho (abaixo), casal de imigrantes portugueses oriundos de Trás-os-Montes cujos três filhos se casaram com os três filhos de outro trasmontano, Antonio Martins, proprietário da fazenda Santo Antonio do Quilombo (na foto inferior, ele aparece em frente a sede da fazenda em 1936).

Até 1902 as cifras de entrada de italianos permaneceram elevadas. A partir de então, começaram a decair, tanto em razão da crise geral de superprodução por qual passava a lavoura na época quanto pelos efeitos da promulgação do decreto Prinetti, proibindo a imigração italiana subsidiada para o Brasil. A época de ouro da absorção imigrantista em São Carlos ocorreu por volta de 1894/1895, quando o município obteve as cifras mais elevadas de entrada de todo o interior paulista. De 1905 até a eclosão da 1ª Guerra Mundial, a entrada de imigrantes continuou ocorrendo significativamente no município. Nesse período, o contingente de espanhóis foi o mais importante numericamente, seguido pelos italianos e, depois, pelos portugueses.

Com a guerra, a chegada de imigrantes deprimiu-se sensivelmente e, depois do fim do conflito, outras regiões a oeste assumiram papéis mais importantes na economia cafeeira. A entrada de imigrantes nacionais se fortaleceu nos anos 1920, para na década seguinte assumir um papel preponderante. Como curiosidade, registre-se que o Anuário Estatístico de 1917 acusa a entrada, nesse ano, dos primeiros cinco imigrantes japoneses no município.

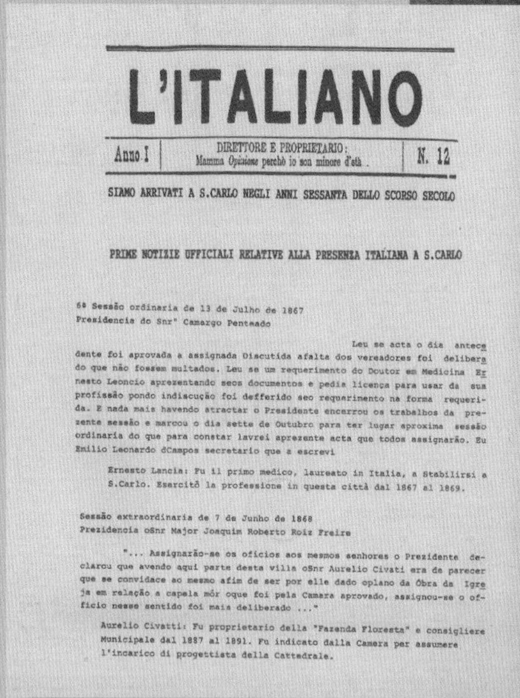

L'ITALIANO

Anno I | DIRETTORE E PROPRIETARIO: Mamma *Opinione* perchè io son minore d'età. | N. 12

SIAMO ARRIVATI A S.CARLO NEGLI ANNI SESSANTA DELLO SCORSO SECOLO

PRIME NOTIZIE UFFICIALI RELATIVE ALLA PRESENZA ITALIANA A S.CARLO

6ª Sessão ordinaria de 13 de Julho de 1867
Presidencia do Snr" Camargo Penteado

Leu se acta o dia antecedente foi aprovada a assignada Discutida afalta dos vereadores foi deliberado que não fossem multados. Leu se um requerimento do Doutor em Medicina Ernesto Leoncio aprezentando seos documentos e pedia licença para usar da sua profissão pondo indiscução foi defferido seo requerimento na forma requerida. E nada mais havendo atractar o Presidente encerrou os trabalhos da prezente sessão e marcou o dia sette de Outubro para ter lugar aproxima sessão ordinaria do que para constar lavrei aprezente acta que todos assignarão. Eu Emilio Leonardo dCampos secretario que a escrevi

Ernesto Lancia: Fu il primo medico, laureato in Italia, a Stabilirsi a S.Carlo. Esercitò la professione in questa città dal 1867 al 1869.

Sessão extraordinaria de 7 de Junho de 1868
Prezidencia oSnr Major Joaquim Roberto Roiz Freire

"... Assignarão-se os oficios aos mesmos senhores o Prezidente declarou que avendo aqui parte desta villa oSnr Aurelio Civati era de parecer que se convidace ao mesmo afim de ser por elle dado oplano da Ôbra da Igreja em relação a capela môr oque foi pela Camara aprovado, assignou-se o officio nesse sentido foi mais deliberado ..."

Aurelio Civatti: Fu proprietario della "Fazenda Floresta" e consigliere Municipale dal 1887 al 1891. Fu indicato dalla Camera per assumere l'incarico di progettista della Cattedrale.

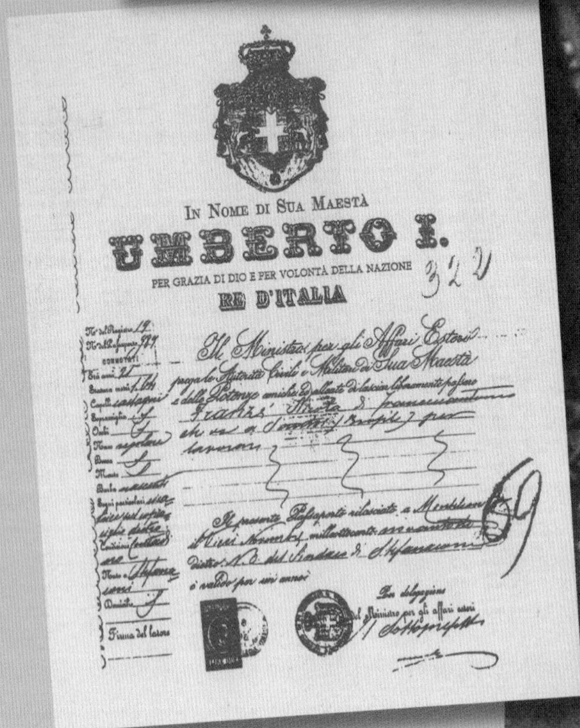

L'Italiano, encarte relativo à primeira notícia da presença italiana em São Carlos: o pedido de Ernesto Lancia, datado de 1867, para atuar como médico. Procedente de Novara (Piemonte), Lancia mudou-se depois para Araraquara ao se casar, em 1869, com uma das filhas dos Botelhos. Passaporte italiano (acima), expedido em 1899, de Nicola Franze, imigrante de 21 anos proveniente de Stefanaconi (Catanzaro), que se casou em 1892, em São Carlos, com Lucia Dagnessi, oriunda de Campobasso. *Na página ao lado*, piquenique da família de Virginio Cesarini, correspondente em São Carlos do *Fanfulla*, o mais importante periódico da colônia italiana no Estado.

S.A.
47

Entre os trabalhadores das fazendas, a melhor situação era, sem dúvida, a dos colonos, pois eram considerados pelos fazendeiros como dotados de maior capacidade para o trabalho. Em algumas propriedades, e dependendo também da idade dos pés de café, era permitido que os colonos utilizassem os espaços das ruas do cafezal para culturas intercalares, de milho e feijão principalmente.

Família Huziwara (foto superior), de colonos japoneses, em lavoura cafeeira. Observe-se a cultura intercalar, freqüentemente utilizada pelas famílias para aumentar sua renda. Grupo de japoneses e descendentes (foto inferior) defronte a sede da Associação Esportiva e Cultural Nipo-Brasileira, no bairro do Tijuco Preto.

Os colonos, na maior parte das vezes, assinavam seus contratos na própria Hospedaria dos Imigrantes, em São Paulo, local onde se abrigavam ao chegarem do país de origem. Raramente tinham conhecimento das propriedades nas quais iriam trabalhar e morar. Em geral, os contratos já eram impressos, tinham a validade de um ano e seus termos só podiam ser alterados após cada colheita, atividade que marcava, na prática, o fim do ano agrícola. Qualquer descumprimento das obrigações por parte dos colonos implicava em multas a serem debitadas nos livros de contas-corrente. Era proibido sair da fazenda enquanto os serviços contratados não estivessem concluídos e, mesmo depois disso, somente sob autorização por escrito do administrador por um prazo máximo de oito dias. Por fim, o colono obrigava-se a fazer com que os membros de sua família também se responsabilizassem pelos termos do contrato.

Por mais que o regime de trabalho assalariado fundasse as relações entre fazendeiros e colonos em bases contratuais e legais, em que as duas partes agora eram reconhecidas como dotadas de iniciativa e vontade próprias, sua adoção não significou a extinção da jurisprudência dos fazendeiros. No interior de seus latifúndios, eram soberanos e arbitravam as questões que surgiam amiúde na vida social das fazendas. Sempre que a redação do contrato entre colono e proprietário suscitasse dúvidas, a este último cabia a correta interpretação das cláusulas dúbias. Herança dos tempos do escravismo, a prepotência dos fazendeiros aconselhava-os a lançar mão exclusivamente do seu poder e autoridade para a resolução de quaisquer conflitos surgidos nos limites de suas propriedades. Tal atitude era, em si mesma, provocadora dos conflitos de maior seriedade entre colonos e fazendeiros ou seus administradores.

Neste contexto, os colonos e suas famílias desenvolveram variadas formas de resistência para enfrentar o regime vigente nas fazendas, como a mudança sucessiva, de uma propriedade a outra, em busca de melhores condições de trabalho e tratamento.

Era comum, entretanto, que levados ao endividamento progressivo, por diferentes vias, os colonos permaneciam muitas vezes sem opção, presos nas fazendas e forçados ao trabalho, fossem quais fossem as condições. Nos poucos casos em que o colono se rebelasse, estando sua conta-corrente em crédito, este era sumariamente expulso sem pagamento de nenhum dos seus direitos. Em situação de débito, o mais comum eram as tentativas de fuga dos colonos da fazenda. Se bem-sucedida, o assunto tornava-se questão de polícia, que passava, então, a perseguir os foragidos. Por mais de uma vez, o desespero de alguns colonos levou-os ao suicídio ou à loucura.

Em São Carlos, notícias de greves organizadas pelos colonos são raras. Quando explodiam, não extrapolavam os limites de uma determinada fazenda. Em 1908, por falta de pagamento, entraram em greve os colonos da Fazenda Santa Cândida. Em alguns casos, as queixas dos colonos chegavam até os consulados, que eram, muitas vezes, chamados a intervir e arbitrar sobre os conflitos. Embora isso não significasse que os interesses dos imigrantes fossem defendidos intransigentemente, é significativo notar que, em 1902, o governo italiano, influenciado pelas notícias enviadas por seus agentes consulares no Brasil, havia tomado providências visando à proibição da imigração subsidiada para o Brasil. O decreto Prinetti assustou os fazendeiros e o governo paulista, que trataram de desfazer imediatamente as más impressões transmitidas, intensificando a contra-informação, por meio das agências de imigração. Contudo, pouco fizeram de concreto para a melhoria das condições de recepção e fixação dos imigrantes.

Até pelo menos a grande crise cafeeira de 1930, pode-se afirmar ser enganosa a noção, por vezes difundida, de que os colonos aos poucos se transformaram em fazendeiros. Com a renda mensal de que dispunham, a possibilidade de poupança de um montante suficiente para a aquisição de vastos tratos de terra era altamente improvável. Os indícios a respeito da concentração de terras no município também comprovam tal hipótese.

A expansão dos cafezais refletiu diretamente na elevação dos preços das terras e é natural que, sob essa circunstância, tenha sido difícil ao colono adquirir áreas expressivas. Ao se observar, por exemplo, a lista dos 184 lavradores de São Carlos, publicada pelo Almanach de 1894, é notável a raridade de sobrenomes estrangeiros na relaçao. Somados, chegariam a contar no máximo dez entre o total.

Dez anos depois, em 1904, o quadro já era um pouco diferente. Havia então no município um total de 313 propriedades, sendo que cerca de um quinto delas pertencia a estrangeiros. Eram, contudo, pequenas áreas. Nove anos depois, sobre um total de 312 propriedades, as 75 propriedades nas mãos dos estrangeiros (todos italianos) continham em seus limites menos de 6% do número de cafeeiros do município. Em 1927, a mesma cifra ainda permanece baixa, atingindo 18%. É de se supor, portanto, que, além de poucas, as propriedades rurais em poder dos imigrantes fossem pequenas. O recenseamento de 1920 confirma tal assertiva: no município de São Carlos, a área média das propriedades pertencentes a estrangeiros é de 45,4 alqueires, enquanto no caso dos proprietários brasileiros a mesma média se eleva a 238,1 alqueires.

As grandes propriedades rurais mantiveram-se ainda por muito tempo, resistindo não somente à decadência da lavoura cafeeira em São Carlos, mas também aos primeiros efeitos da crise econômica de 1929.

A combinação entre os efeitos da decadência do café, como atividade sustentadora da economia no município, e a rigidez da estrutura agrária atuou como elemento de inibição do desenvolvimento populacional do município. A população total decresceu após ter atingido seu pico por volta de 1915.

A população e o Território

Como a cidade cresceu

Embora hoje concentre mais de 96% de sua população no meio urbano, São Carlos, ao longo de seus primeiros oitenta anos, tinha mais habitantes nas zonas rurais que na cidade. Em um recenseamento realizado em 1907, por exemplo, a população urbana e suburbana não chegava a alcançar 10 mil indivíduos, cerca de um quarto da população total do município. As regiões rurais abrigavam os outros três quartos.

Sua distribuição sobre o território em grande parte obedeceu às quatro orientações do traçado ferroviário que partia da estação principal da cidade: a noroeste, para Araraquara; a sudeste, no rumo de Rio Claro e Descalvado; ao norte, para Santa Eudóxia, já próxima ao Mogi; e a oeste, para Ribeirão Bonito. Em 1907, quando São Carlos completava meio século, as zonas rurais formadas por fazendas de café instaladas ao longo dessas linhas, as mais populosas (contando com mais de cinco mil indivíduos) eram Ibaté, no rumo de Araraquara, e Água Vermelha, a meio caminho de Santa Eudóxia. Fora do núcleo urbano principal, existiam ainda duas vilas incipientes, formadas desde o final do século XIX, que contavam com pouco mais de 600 habitantes cada uma: Ibaté e Santa Eudóxia.

Planta da cidade de São Carlos (acima) em meados dos anos de 1930. Nota-se o cemitério ainda bem distante da mancha urbana principal. *Na página ao lado*, o tecido urbano pouco se alterou ao longo das primeiras quatro décadas do século XX.

Ao longo de décadas, as zonas rurais abrigaram a maior parte dos habitantes do município. Foi somente ao final dos anos 1930, quando os efeitos da crise cafeeira determinaram intenso êxodo rural, que a urbanização do município se acelerou e se firmou como tendência definitiva.

A expressão espacial desse fenômeno pode ser mais bem compreendida pela análise da expansão do tecido urbano. Erguida a capela onde hoje se encontra a Catedral, o comércio se aglutinou ao seu redor e aos poucos foi descendo ladeira abaixo, já que os tropeiros deixavam seus animais nas cercanias do córrego e ali mesmo comercializavam alguns produtos. Nos primórdios, a atual Avenida São Carlos foi conhecida como Rua da Ponte, pois era por ela que se alcançava o outro lado do Gregório. O cruzamento dessa rua com o córrego definiu a orientação da grelha ortogonal, característica da tradição urbanista portuguesa, segundo a qual foram balizadas as ruas vindouras, nos sentidos paralelo ou perpendicular.

O primeiro emplacamento das ruas, ocorrido em 1866, logo após a instalação da Câmara Municipal, testemunha os limites da povoação, composta por três ruas no sentido norte-sul e mais três no sentido leste-oeste: rua do Commercio (Avenida São Carlos), Santo Ignácio (depois Carvalho e atual Episcopal), Jatahy (D. Alexandrina), Itaquy (Jesuíno de

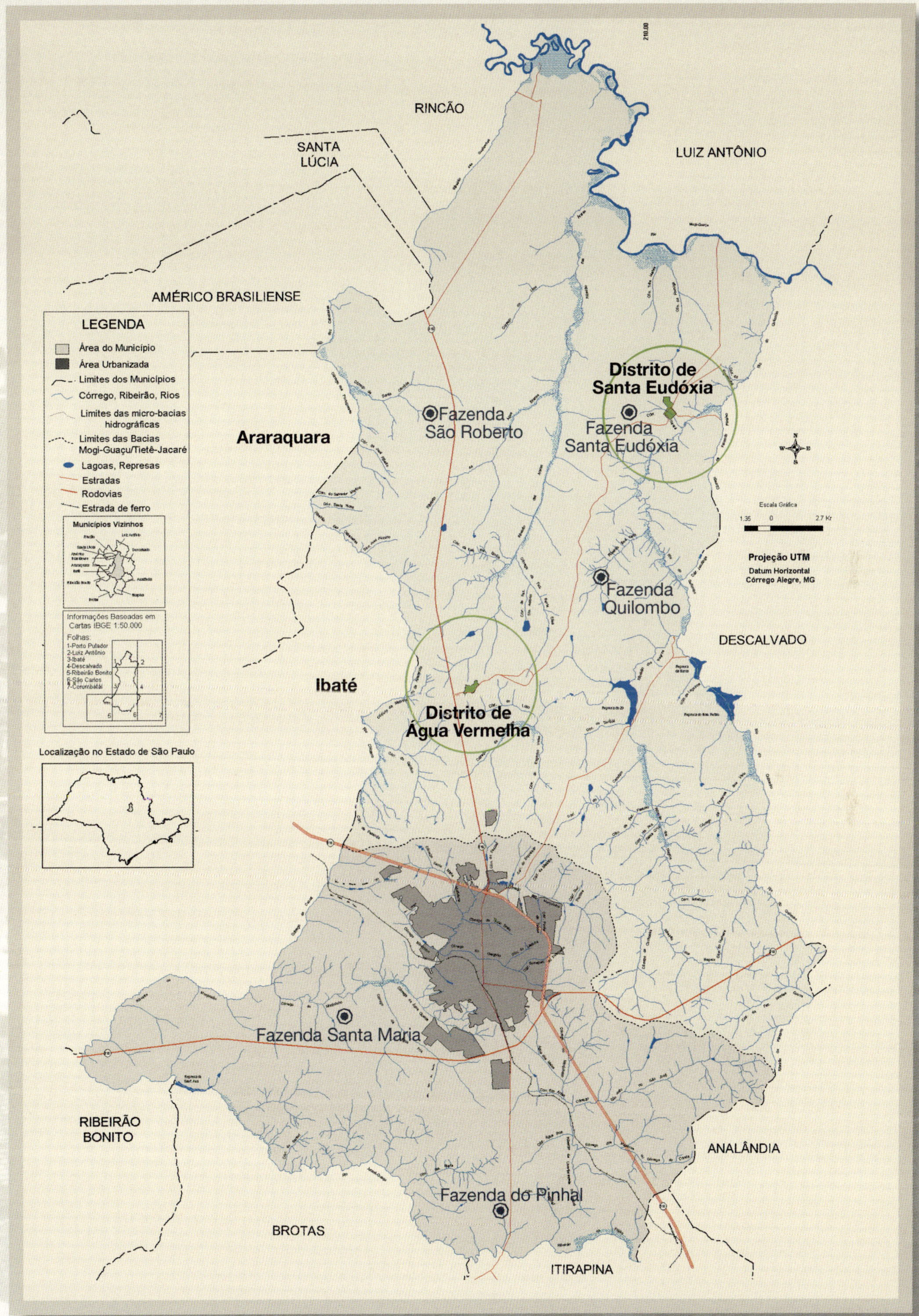
RINCÃO
SANTA LÚCIA
LUIZ ANTÔNIO
AMÉRICO BRASILIENSE
LEGENDA
Área do Município
Área Urbanizada
Limites dos Municípios
Córrego, Ribeirão, Rios
Limites das micro-bacias hidrográficas
Limites das Bacias Mogi-Guaçu/Tietê-Jacaré
Lagoas, Represas
Estradas
Rodovias
Estrada de ferro
Municípios Vizinhos
Informações Baseadas em Cartas IBGE 1:50.000
Localização no Estado de São Paulo
Araraquara
Fazenda São Roberto
Distrito de Santa Eudóxia
Fazenda Santa Eudóxia
Projeção UTM
Datum Horizontal Córrego Alegre, MG
Fazenda Quilombo
DESCALVADO
Ibaté
Distrito de Água Vermelha
Fazenda Santa Maria
RIBEIRÃO BONITO
ANALÂNDIA
Fazenda do Pinhal
BROTAS
ITIRAPINA

Arruda), Riachuelo (13 de Maio) e Paysandu (General Osório). Data dessa época o primeiro Código de Posturas do município e do ano seguinte a cessão da gleba que permitiu a expansão da cidade rumo ao norte, realizada por d. Alexandrina em favor da Câmara Municipal (e da Igreja). Era a Câmara que então disciplinava a expansão urbana, cedendo ou vendendo a baixo custo terrenos do patrimônio.

No sentido sul, o desenvolvimento da vila rumo à General Osório, que viria a se constituir na rua comercial da cidade por excelência, tomou impulso definitivo com a chegada da estrada de ferro em 1884, uma vez que o traçado daquela via delineava o acesso principal à estação ferroviária. A localização desta, no alto da colina situada a sudoeste do centro histórico, atraiu até lá a urbanização. Estenderam-se até o pátio da estação as ruas General Osório, Victória (Bento Carlos) e Santa Cruz. Abriram-se, ao mesmo tempo, para o lado da estrada dos Camargos, as laterais, paralelas à rua de São Carlos, José Bonifácio, Aquidaban, Riachuelo e Visconde de Inhaúma.

Em 1889, a se depreender do registrado em uma das atas da Câmara Municipal, a cidade já era composta por 24 ruas, 7 largos, 852 casas residenciais e 162 estabelecimentos comerciais. Nela já habitavam cerca de 5.100 indivíduos. Nessa época, o fim recente da escravidão e a chegada de muitos imigrantes estrangeiros determinaram uma significativa expansão urbana, com a implantação das Vilas Nery (1889), Isabel e Pureza (1891), Prado (1893) e Botafogo (1900).

Dessas, as vilas Nery e Pureza eram contíguas à área urbana central, com suas ruas alinhadas segundo o eixo norte-sul, enquanto o arruamento das outras, por demais próximas ao traçado ferroviário, seguiu a orientação deste. Surgida a partir do loteamento da chácara Mattos, a Vila Pureza – que logo abrigou a Santa Casa – foi atingida pelo prolongamento das ruas Carlos Botelho e XV de Novembro. A Vila Prado, loteada pelo coronel Leopoldo Prado – que teve a iniciativa de empreender um serviço de bondes à tração animal, de existência fugaz, para integrá-la ao núcleo central –, era, até então, o único bairro situado além trilhos.

Dada a preeminência das atividades rurais no município, essa configuração urbana perdurou até meados dos anos trinta. Durante todo esse período, apenas a Vila Marcelino, localizada próxima à Vila Isabel, foi implantada em 1920. Ao longo do tempo, a regulamentação do código de posturas original foi sendo substituída ou detalhada por outras disposições disciplinadoras: das edificações; da conservação das estradas, praças, ruas e dos terrenos; do abastecimento; dos enterros e do cemitério; da higiene e salubridade; do controle de animais e tráfego de veículos; da prevenção de incêndios; dos impostos e das licenças sobre muros, da produção cafeeira, das profissões e casas de divertimentos; da garantia da tranqüilidade pública; e da própria estrutura administrativa municipal.

Desse modo, encontram-se outras medidas e códigos de posturas, aprovados nos anos subseqüentes, embalados em geral por uma ideologia higienista, de embelezamento da cidade, ou pelo menos de sua zona mais central. Em 1917, por exemplo, um prêmio chegou a ser criado para os três melhores prédios construídos anualmente no perímetro central.

São evidentes, já nesses tempos, os indícios de segregação espacial. Nas vilas mais afastadas moravam as famílias de menor renda: na Vila Nery, Vila Prado e Botafogo residiam

Na página ao lado, a evolução do tecido urbano (de cima para baixo: 1888, 1893, 1929, 1959, 1977) e sua configuração atual.

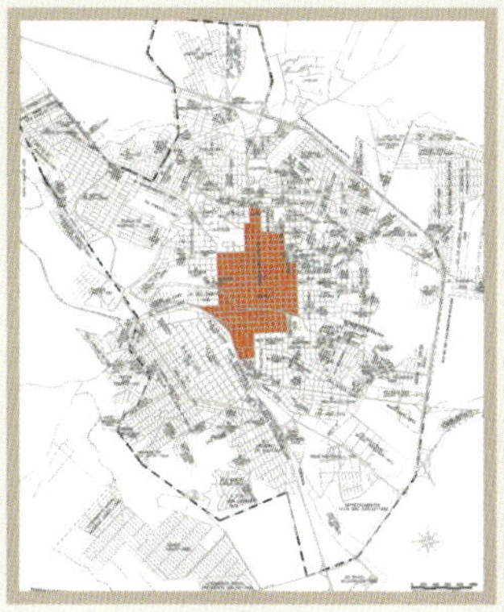

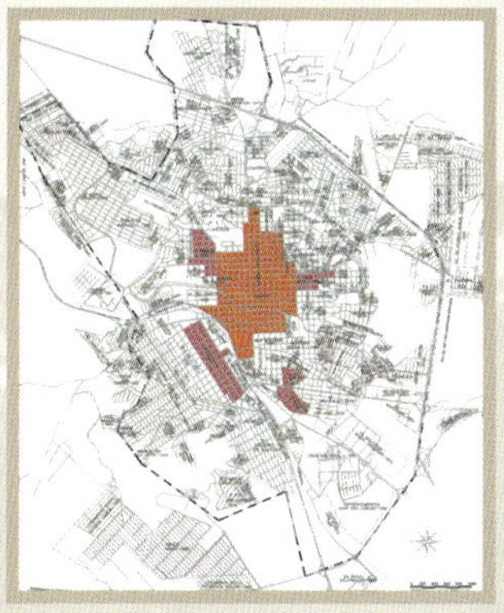

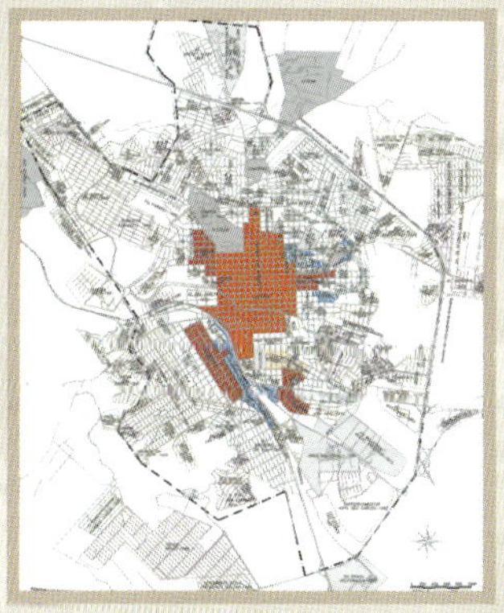

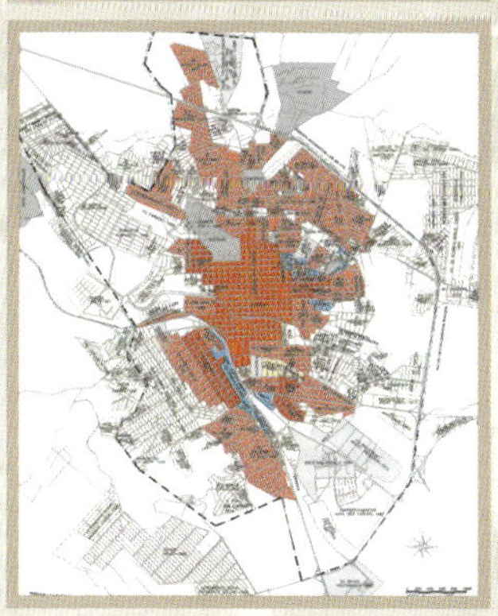

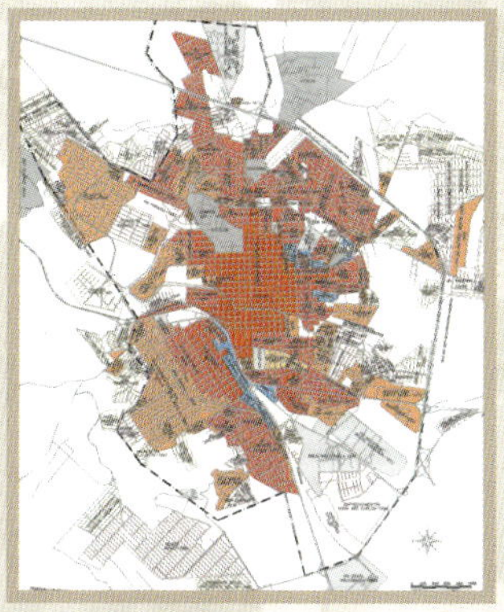

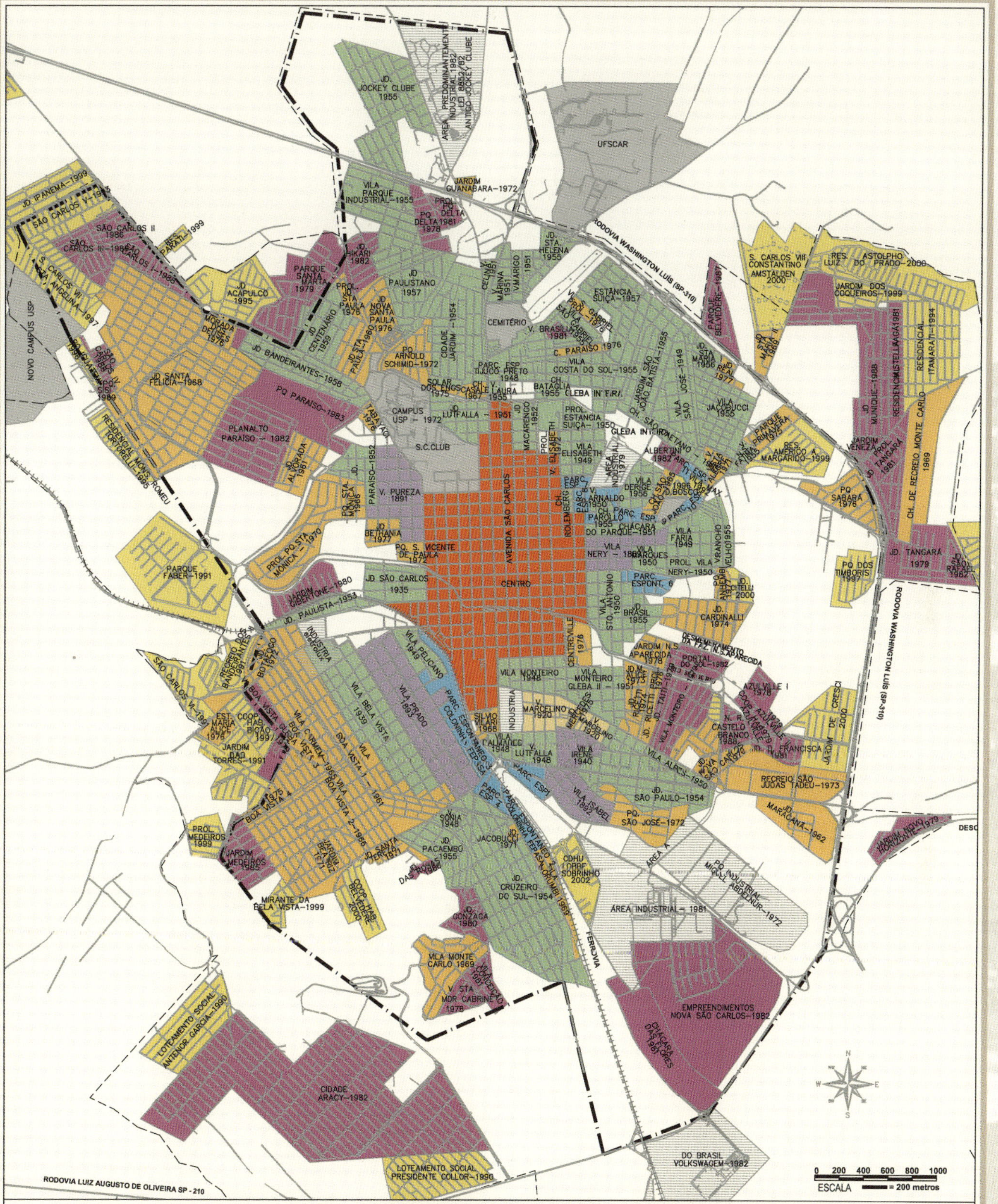

MAPA 3 - PARCELAMENTOS REALIZADOS NO MUNICÍPIO DE SÃO CARLOS 1857 - 1977

1857- 1929	1978 - 1989
1889- 1893	1990 - em diante
1894- 1929	ÁREA INDUSTRIAL
SEM DATA	ÁREA INSTITUCIONAL
1930 - 1959	Limite da área urbana em 1972
1960 - 1977	Limite área urbana em 1996

EESC-USP/ São Carlos
Pós-graduação Arquitetura e Urbanismo
Elaboração: RENATA PRIORE LIMA
Data: MARÇO DE 2008

1. Registros dos loteamentos implantados da Secretaria Municipal de Habitação e Desenvolvimento Urbano / SMHDU
2. Base Cartográfica a partir de levantamento aerofotogramétrico de1998 e mapa SMHDU 2002 Escala do Vôo: 1:8000 Escala de restituição:1:2000
3. Plantas dos loteamentos (SMHDU)
4. Lei municipal 6978/72 (perímetro urbano)
5. Lei municipal 11238/ 1996 (perímetro urbano)

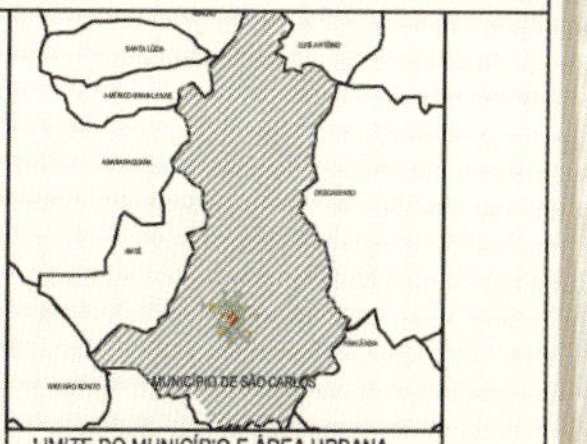

LIMITE DO MUNICÍPIO E ÁREA URBANA

operários (sobretudo ferroviários nessas últimas), funcionários e pequenos comerciantes; as Vilas Isabel, Pureza e Marcelino abrigavam os maiores percentuais de famílias negras; na região da baixada, conhecida como Piccola Calabria, próxima ao Gregório, aglutinava-se a maior parte dos comerciantes italianos, em meio a indústrias e oficinas situadas próximas ao traçado da ferrovia.

Nos arrabaldes também se situavam os equipamentos urbanos indesejados: cemitérios (na Vila Nery e em seguida no local onde até hoje está o Cemitério Nossa Senhora do Carmo, à época distante da povoação); lazareto (próximo ao atual ginásio do São Carlos Clube); asilo de mendicidade (no extremo oeste da rua 7 de setembro); matadouro (próximo ao atual cruzamento da rua Miguel Petroni com a marginal, hoje integrado ao campus I da USP); Santa Casa (que funcionou inicialmente como hospital de isolamento); e a própria fábrica de adubos (instalada próxima ao atual fórum cível), cujos odores se faziam notar. Todas essas regiões eram menos valorizadas e constituíam na época o que hoje chamamos de periferia.

As elites locais, por sua vez, essencialmente compostas por proprietários de terra ou por profissionais liberais a estes associados, concentravam-se ao redor dos quarteirões da matriz. Essa atração era ditada não só pela importância da própria igreja, mas também pela contigüidade do Jardim Público. A idéia do jardim público surgiu concomitantemente nas principais cidades do interior, como reflexo dos novos e agitados tempos inaugurados pela proclamação da República. Por toda parte, surgiram jardins públicos, cercados de grades de ferro, portões imponentes, quiosques, chafarizes, coretos. Em São Carlos, dele se falou em sessão da Câmara, em dia 30 de abril de 1890, como a busca por um local "onde possam educar os sentimentos e descançar o espírito, aquelles que aos domingos e dias de festas deixam por horas o trabalho quotidiano".[6] Mas só em 1894 a construção foi iniciada, inaugurando-se o jardim em janeiro do ano seguinte.

Por conta dessa preferência da elite, o calçamento com paralelepípedos, tão necessário a ruas ladeirosas, de difícil acesso em dias de chuva, estreou pela região circundante ao pátio da matriz e pela Avenida São Carlos, sendo em seguida estendido às ruas General Osório (desde a estação até a rua Episcopal), Episcopal (do Largo até a rua do Mercado) e Conde do Pinhal, entre as ruas Alexandrina e a Ruy Barbosa.

Em 1920, um relatório do delegado da saúde, afirmava que o perímetro urbano contava com 2740 prédios, oito praças, duas travessas e trinta e duas ruas, com extensão total de 44 quilômetros.

O código de posturas aprovado em 1929 merece destaque, pois nele as responsabilidades de controle do território municipal e, em particular, do solo urbano, antes atinentes à Câmara, passaram a depender cada vez mais da Prefeitura, movimento gradual que vinha aos poucos se ensaiando desde o início do século. Os planos de arruamento de novos bairros, por exemplo, prescindiam de se conformar à grelha ortogonal original, e ficavam sujeitos à aprovação da Prefeitura, cujo titular constantemente mudava, fruto do processo político dos turbulentos anos 30.

Coincidentemente, a partir da década de 1940, a chegada de contingentes rurais à cidade se exacerbou, aumentando a pressão por acomodar esses novos habitantes. Todo esse processo culminou com uma verdadeira explosão de loteamentos entre o final dos anos 40 e o início dos anos 60, que o código de posturas vigente, datado de 1929, pouco conseguiu controlar. A cidade se espraia em todas as direções, mas em particular no rumo da rodovia Washington Luís, conformando um perfil mais heterogêneo à malha urbana.

A partir de então, em que pesem os esforços no sentido do planejamento urbano empreendidos pelo prefeito Antonio Adolpho Lobbe – que elaborou o primeiro plano diretor do município, finalizado em 1962 –, a ação dos loteadores e especuladores prevaleceu, incentivados pelo dinamismo de uma cidade que rapidamente se industrializava e se constituía como pólo educacional, pela fiscalização anêmica, pelas práticas clientelísticas de sucessivos prefeitos e pelas próprias brechas e liberalidades na legislação, muitas vezes contraditória com o controle mais estrito do uso e ocupação do solo urbano.

Em 1971, um novo plano diretor diminuiu os requisitos exigidos (e usualmente descumpridos) desde 1962 de infra-estrutura de loteamentos e, em 1977, a ampliação do perímetro urbano consagrou o descontrole da expansão urbana: verticalização e adensamento da zona central, fragmentação do tecido urbano, presença de espaços intersticiais importantes na malha, crescimento das periferias (inclusive com loteamentos implantados em áreas de mananciais), e conseqüente acirramento da segregação.

Recentemente, a aprovação de um novo plano diretor, após extensas discussões, o investimento sistemático em equipamentos e infra-estrutura mínimos nas áreas mais periféricas, e a opção por revalorizar a zona central da cidade acenam no sentido de uma expansão urbana mais equilibrada, direcionada e menos segregatícia. Mas ainda é muito cedo para se avaliar os efeitos de tais medidas.

Rua Conde do Pinhal (foto à esquerda), esquina da avenida São Carlos, vendo-se o palacete do Conde e o Jardim Público. Antiga catedral (foto à direita) vista da mesma esquina, por volta de 1920.

CASA
BRASILEIRA
Esso

No centro da foto maior, a praça dos Voluntários, na passagem dos anos de 1940 para os de 1950. No canto superior esquerdo, pode-se ver a torre da antiga catedral em demolição e as primeiras paredes do novo templo. Nas fotos menores, vistas aéreas da Igreja de São Benedito (acima), vendo-se no canto superior esquerdo os pavilhões da Fiação e Tecelagem São Carlos (Tecidão), e da Igreja de Santo Antonio (abaixo) quando a Vila Prado ainda era um dos limites da zona urbana.

Dentre os colonos que, não sendo repatriados, permaneceram no Brasil, uma boa parte acompanhou o movimento da marcha do café em direção ao oeste. A outra alternativa colocada para os imigrantes era tentar a vida na cidade. Neste caso, as opções também não eram muitas, embora o sucesso de alguns que conseguiram montar um negócio próprio encorajasse os conterrâneos a tentarem essa via de ascensão social. Entretanto, foram raros os colonos que se tornaram negociantes. A maior parte dos que se transferiram para a cidade empregou-se no comércio ou nas indústrias nascentes.

Em sua maioria, vindos do campo e dotados de poucos recursos, foram alvo constante de medidas higienistas e de embelezamento da cidade que prevaleciam entre as autoridades da época. Assim, um relatório da delegacia de saúde , datado de 1920, indicava que

> "dos 2.740 predios de que se compõe a cidade de São Carlos, são de construcção moderna apennas 514. Os predios de construcção antiga não satisfazem os requisitos da hygiene. Em sua quase totalidade, não possuem sólo impermeabilizado, contendo muitos porão, mas humido e sem ventilação. Observam-se ainda os predios que contêm soalho assentado directamente no sólo, piso revestido de tijolos ou sem revestimento algum, dormitório sem ar e luz directa, commodos com insufficiente cubagem ou pequeno coefficiente de ar e luz, e cosinha, copa, dispensa, banheiro e latrina sem os melhoramentos exigidos pelo Codigo Sanitario".[7]

Por volta de 1915, os italianos constituíam, sem dúvida, a maior parcela entre os operários da cidade. Um contingente razoável de mulheres, inclusive, era empregado por uma grande fábrica de tecidos, fundada em 1911. A vida urbana não lhes devia reservar muito tempo de lazer, pois prevaleciam na época as longas jornadas de trabalho. Mesmo assim, pelo menos em relação ao meio rural, tinham condições de exercer atividades sociais com muito mais intensidade.

Já em 1896, os espanhóis fundaram uma associação que se tornou conhecida por "Sociedade Hespanhola" (o nome verdadeiro era Sociedade Española Beneficente e Instructiva de São Carlos), cujos fins eram "programar e desenvolver os laços de união entre os seus irmãos de nacionalidade e fomentar entre elles a instrucção".[8] Os italianos, por sua vez, fundaram importantes associações: em 1894, a Societá Gimnastica Educativa Cristoforo Colombo, que reunia a juventude italiana para a prática de esportes, provavelmente ligada à loja maçônica de mesmo nome, que reunia os italianos da cidade; em 1900, a Meridionali Uniti Vittorio Emmanuele III; e em 1902, a Dante Alighieri, mais conhecida. A existência dessas duas últimas associações justifica-se por uma diferença de origem entre os membros de cada uma delas.

Edifício da Sociedad Española, associação fundada em 1896, cujo primeiro presidente foi o fotógrafo espanhol Philemón Perez, que aparece em pé na outra fotografia.

Enquanto a primeira congregava preferencialmente os italianos do sul (daí o "meridionali"), a outra parecia reunir em maior grau os do norte, incluindo-se aí alguns negociantes italianos bem-sucedidos no comércio ou na indústria. Há notícia de que São Carlos, dada a expressividade de seu contingente de italianos, sediou, em 1906, um Congresso Nacional das Colônias Italianas. De qualquer modo, ambas as associações concretizaram, em algum grau, o espírito de solidariedade e, depois com o advento do fascismo, de patriotismo vigente entre os italianos. Em 1920, por exemplo, a Vittorio Emmanuelle conclamava seus associados a erigirem no cemitério municipal uma capela unicamente destinada às sepulturas de seus membros. A Dante Alighieri, por sua vez, manteve por décadas seguidas uma escola própria para os filhos de seus sócios, que sempre mereceu largos elogios.

Edifícios das sociedades italianas Dante Alighieri (ainda com um único pavimento) e Vittorio Emmanuele III. Funcionários da Casa Farani (abaixo), localizada à rua Conde do Pinhal, comemoram, em 1919, o 20 de setembro, a data da unificação da Itália.

O espírito associativo reinante entre imigrantes urbanos provocou apreciações contraditórias ou ambíguas por parte dos segmentos mais abastados da população. De um lado, resta pouca dúvida de que as elites encaravam como muito louvável algumas das manifestações cívicas promovidas pelos imigrantes, como quando os italianos comemoravam o 20 de setembro, data da unificação italiana, conservando hasteada nas fachadas de suas casas comerciais a bandeira da Itália e promovendo festas muito concorridas.

Por outro lado, em muitas ocasiões, as elites locais manifestaram desconfianças a respeito desse espírito associativo, acusando os imigrantes de não desejarem se integrar perfeitamente à vida do novo país. É fora de dúvida que as questões operárias constituíam o campo no qual os mandatários locais nutriam as maiores repulsas pelas atitudes e idéias importadas da Europa. Tal como no caso dos colonos, a existência dos imigrantes operários na cidade só poderia ser bem-vista se estes se limitassem a trabalhar pela grandeza do País, tal como os poderosos concebiam.

Ainda que tão expressiva, essa ambigüidade acabou por se desfazer com o tempo, ao menos na memória popular. Em São Carlos, houve época em que o antigo Cine São José era também conhecido como Cine San Beppe. Restou, assim, a imagem de uma grande capacidade tanto de adaptação quanto de transformação da linguagem, da alimentação e de outros costumes do modo de vida dos paulistas, que acabaram incorporando toda essa influência.

O poder do café enriquece a cidade

Capítulo II

Elites do Café

O café era poder, riqueza, esperança e história.

Essa visão absoluta era compartilhada por toda a estrutura social paulista, desde os coronéis de terra até os ex-escravos. A abertura da ferrovia, em 1884, e a concomitante incorporação de contingentes de mão-de-obra imigrante para o trabalho rural deram rédeas ao incremento da produção cafeeira. Por volta de 1860, o município de São Carlos produziu apenas 4.000 arrobas desse produto, um montante muito inferior às 66.667 arrobas produzidas um quarto de século mais tarde. Entretanto, a primeira cifra realmente expressiva disponível, capaz de lançar o município no elenco dos maiores produtores do Estado, viria logo em seguida: em 1892, São Carlos produziu pouco mais de um milhão de arrobas de café, apesar de a safra não ter sido boa. Resguardados alguns anos em que problemas climáticos ocasionaram fortes perturbações, a produção manteve-se intacta, flutuando em torno desse nível até o final da segunda década do século XX.

Isso significa que, por mais de 25 anos, o município manteve-se como um dos grandes produtores estaduais, embora, ao final desse período, grande parte de seus 25 milhões de cafeeiros estivesse já em decadência. Esse decréscimo de produtividade pode ser explicado pelo envelhecimento dos cafeeiros. Considere-se também a pouca ou nenhuma preocupação dos fazendeiros em conservar a riqueza dos solos, para o que certamente contribuiu a permanente existência de vastas terras disponíveis em outras regiões do Estado.

Antonio Carlos de Arruda Botelho representou, no Império, o padrão mais perfeito da estirpe dos barões do café em São Carlos. Durante o século XIX, qualquer historiografia dos grandes homens ou dos grandes feitos em São Carlos invariavelmente se confunde com sua biografia. Originário de Piracicaba, Antonio Carlos acompanhou seu pai e seus irmãos na abertura de fazendas no município de Araraquara. Em 1857, quando já ocupava a presidência da Câmara de Araraquara, coordenou a criação do Distrito de Paz de São Carlos do Pinhal, primeiro passo para a independência do município. Depois, o futuro Conde do Pinhal tornar-se-ia chefe do Partido Liberal na cidade, galgando sucessivamente postos de influência na política local e, em seguida, os de deputado provincial, deputado geral, presidente da Assembléia e candidato

em lista tríplice senatorial. Sua brilhante carreira política apontava-o como uma das figuras mais notáveis do Império, prestígio que lhe valeu, sucessivamente, os títulos de barão, visconde e conde do Pinhal, concedidos pelo Imperador, em reconhecimento a serviços prestados no abastecimento de tropas durante a Guerra do Paraguai. Foi também, certamente, em razão do prestígio do conde do Pinhal e do visconde de Cunha Bueno, este afazendado em Santa Eudóxia, que o próprio Imperador D. Pedro II esteve em visita a São Carlos, ao final do Império.

Nascido em Piracicaba em 1827, Antonio Carlos de Arruda Botelho era ainda jovem quando seu pai efetuou o plantio dos primeiros pés de café de toda a região, em 1840. Mais tarde, como empresário do café, chama atenção a diversidade de atividade econômica em que se imiscuiu. Não resta dúvida de que o maior de seus empreendimentos foi a construção da estrada de ferro no trecho Rio Claro-Araraquara-Jaú, feito que lhe valeu muito prestígio econômico e político em uma vasta região, pois a ferrovia rentabilizava enormemente os investimentos na lavoura.

Em 1876, os trilhos da Companhia Paulista já haviam atingido Rio Claro. Daí em diante, interessava a seus dirigentes estendê-los até Jaú, de um lado, e Ribeirão Preto, de outro, vencendo terrenos quase planos que muito facilitariam as obras. São Carlos, a cavaleiro da escarpa do planalto, postava-se, assim, em localização desfavorável ao empreendimento, correndo o risco de permanecer isolada. Antonio Carlos compreendeu a situação e agiu com presteza: reuniu fazendeiros interessados, agregou capitais, usou de sua influência política e conseguiu constituir a Companhia de Estrada de Ferro do Rio Claro, com concessão aprovada pelo governo imperial em 1880, com privilégio de atendimento das regiões de São Carlos, Araraquara, Brotas, Dois Córregos e Jaú.

Restava agora construir a estrada e, para tal, contratou-se Antonio Francisco de Paula Souza, jovem engenheiro formado nos Estados Unidos, que mais tarde se tornaria o primeiro diretor da Escola Politécnica. Sobre o trajeto, de óbvio interesse aos fazendeiros, arbitrava o próprio Antonio Carlos, que, para vencer a serra, preferiu contornar o vale do Corumbataí, passando por Analândia, próximo ao morro do Cuscuzeiro. Em 15 de outubro de 1884, a primeira locomotiva adentrava a cidade, recebida com grandes festividades.

Quatro anos depois, o Conde venderia a empresa a um grupo de capitalistas ingleses, por 8 mil contos de réis. E em 1892, a Paulista a adquiriria dos ingleses a um preço muitas vezes superior. Não finalizaram aí, entretanto, seus empreendimentos de ativo capitalista. Uma das primeiras casas bancárias existente em São Carlos foi de sua propriedade e, em 1889, com o

O conde do Pinhal e sua segunda esposa, Anna Carolina. A iniciativa do conde de estender os trilhos de Rio Claro a São Carlos, integrando o município à rede ferroviária existente, foi decisiva ao seu desenvolvimento. *Na página ao lado*, tomadas da estação ferroviária em diferentes épocas. Na mais antiga delas (superior à esquerda), não havia ainda o relógio, instalado na reforma de 1908.

S. CARLOS
ESTAÇÃO DA ESTRADA DE FERRO
Photo. PÉREZ

COMPANHIA PAULISTA
Nº 14. S. Carlos _ Estação da E. de Ferro Paulista

S. CARLOS
RUA VISCONDE DO PINHAL
Photo. PEREZ

dinheiro arrecadado pela venda da estrada de ferro, o conde fundou na Capital o Banco de São Paulo, capitaneando um grupo de notáveis capitalistas. Também foi incorporador e grande acionista do Banco da União de São Carlos e presidente do Banco de Piracicaba. O conde mantinha ainda duas casas comissárias em Santos e, ao final do século XIX, adquiriu a quase totalidade das ações da Companhia Agrícola de Ribeirão Preto, uma empresa proprietária de nove fazendas próximas à estação Tibiriçá, na Mogiana, ligadas por estrada de ferro particular.

A biografia do conde do Pinhal mostra que os fazendeiros extrapolaram em muito sua atividade inicial de plantio de café. Seria enganoso supor, no entanto, que o conde do Pinhal fosse o mandatário único e supremo de toda a região no século XIX. Na verdade, os Botelhos representavam apenas um tronco – dos mais influentes, sem dúvida –, dentre o conjunto de famílias formadoras da oligarquia rural regional. A maior parte delas proveio de cidades mais antigas e já era afazendada nesses municípios: os Botelhos e os Camargo Penteado, em Piracicaba; os Abreu Sampaio, os Salles e os Camargo, em Campinas; outros de Itu e arredores.

O visconde da Cunha Bueno (acima), dono da Fazenda Santa Eudóxia e um dos maiores cafeicultores do País. Foi em sua casa que se hospedou D. Pedro II durante a visita a São Carlos em 1886. *Na página ao lado*, os Botelhos: a sede da fazenda Pinhal, o palacete do Conde na cidade e uma reunião em família.

Todos eles chegaram, mas também em larga medida saíram de São Carlos, reproduzindo, pelo menos até a década de 1930, a estrutura social que geraram em outras cidades do oeste paulista. Ao cabo de duas ou três gerações, essas famílias haviam acumulado interesses ao longo de várias regiões do estado paulista, e para tal os laços de sangue que uniam os membros de diferentes famílias oligárquicas muito contribuíam. Os cargos disponíveis eram quase monopólio das elites agrárias. Os fazendeiros distribuíam-se por quaisquer pontos que significassem alguma posição de mando ou autoridade: vereadores (ou intendentes), prefeitos, juízes de paz, promotores públicos, delegados, chefes de polícia, etc.

A pretensão de qualquer indivíduo exterior aos círculos de poder definidos pelas elites de alcançar algum posto político era taxada de impertinente. Referindo-se aos italianos, o almanaque de 1915 parabenizava a colônia pela sensatez de se manter fora desses círculos: "Ciosos da própria nacionalidade, não tentaram, salvo raras exceções, galgar postos políticos, mas, com o máximo respeito pelas instituições nacionaes, se agruparam em sociedades de beneficência, de cultura, de propaganda patriótica [...]".[9]

A exclusividade dos fazendeiros e suas parentelas na ocupação dos postos políticos não significava, entretanto, que a representação política tenha sido exercida por um bloco monolítico.

Festa S. Antonio. Monjolinho.
Fazenda S. MARIA. 1

Comemoração da festa de Santo Antonio na fazenda Santa Maria, em 13 de junho de 1909, mês que marcava o final da colheita do café. A propriedade era servida pela estação Monjolinho, no ramal que ligava São Carlos a Ribeirão Bonito. Sua sede, até hoje preservada, foi também construída por Pietro David Cassinelli, entre 1887 e 1889, quando Theodoro Leite de Almeida Camargo, irmão do major José Ignácio, era o proprietário. Em 1904, Cândido Souza Campos, casado com Zuleika Malta, adquiriu a fazenda que, com a mesma extensão, permanece até hoje com seus descendentes. Fotos (por volta de 1910) da família Souza Campos reunida (abaixo).

A polarização entre facções distintas do poder político era comum e, em geral, tinha por base não alguma divergência programática ou ideológica, mas a mera disputa entre chefes políticos locais. Esse espírito de facção prevalecia no seio da oligarquia rural e era alimentado mais por sentimentos de lealdade e de dever para com os coronéis do que por idéias. A força política destes era expressa em proporção direta ao poder de arregimentação de eleitores.

A referência a grandes feitos e proezas da cidade, realizados por seus grandes homens, era invariavelmente acompanhada da lembrança do espírito de bandeirante que devia reinar nos corações e nas mentes desses poderosos. Não foi à toa que essa representação acabou por expressar-se no escudo de armas que o visconde de Taunay idealizou para a cidade. Abaixo dos ramos de café, lê-se: "A bandeirantibus venio" ("Provenho dos bandeirantes").

Próceres da Primeira República: o major José Ignácio, o coronel Salles e o prefeito (1929-1930) Paulino Botelho de Abreu Sampaio (sentado ao centro).

Política na Velha República

A política municipal, longe de ser um estorvo ao progresso urbano e às modificações renovadoras, foi-lhes mais um incentivo.

As primeiras décadas do século XX foram marcadas pela disputa entre dois grupos em que se dividiu a elite local. A Proclamação da República não havia quase afetado a política no âmbito municipal. Os antigos monarquistas preferiram considerar a República como um fato consumado e recolher-se ao silêncio da vida privada. Foi o que fez o conde do Pinhal – até então o líder político incontestável – até sua morte, em 11 de março de 1901.

Ao mesmo tempo em que desapareciam os partidos monárquicos – em São Carlos, na eleição de 1902, os candidatos à vereança pelo Partido Monarquista obtiveram minguados votos –, a República não conseguia estruturar partidos nacionais. As antigas oligarquias organizaram-se em partidos em cada Estado. O velho PRP (Partido Republicano Paulista) manteve sempre sob controle a política estadual.

A briga era travada exclusivamente no âmbito municipal, arregimentando-se as forças locais em dois grupos antagônicos, disputando tão somente o controle do município. O grupo vencedor formava o diretório do partido governista, que ocupava os cargos de administração local; ao grupo vencido restava o inconformismo, manifestado em posição dissidente do mesmo partido.

Em São Carlos, a luta envolvia grupos liderados por duas famílias de proprietários rurais, os Botelhos e os Salles, que arregimentavam em torno delas a larga parentela, o numeroso compadrio e o apoio dos fazendeiros menores, correligionários e aderentes. De princípio, pela influência dos irmãos do conde do Pinhal, Paulino Carlos e Bento Carlos, prevaleceram os Botelhos. O primeiro organizara, já em 1878, o diretório republicano em São Carlos. Proclamada a república, foi constituinte em 1891 e elegeu-se sucessivamente deputado federal por São Paulo, até seu falecimento, em 1908.

Os Botelhos: os irmãos Paulino Carlos e Antonio Carlos, e o sobrinho Bento Carlos.

Por outro lado, a partir da eleição de Manuel Ferraz de Campos Salles em 12 de maio de 1896, para a presidência do Estado, são os Salles que crescem de prestígio, arregimentados em torno de um líder obstinado, o coronel José Augusto de Oliveira Salles. Primo de Campos Salles e irmão do senador Pádua Salles, emprestou seu nome à praça Coronel Salles, antes chamada de Largo Municipal.

Até os anos 30, os Salles e os Botelhos alternaram-se no poder, mais pela voga dos ventos que sopravam de São Paulo, conforme os parentes e aliados prevaleciam na política estadual, do que propriamente pela força das vitórias nas urnas. Os partidários dos primeiros eram conhecidos por *bicheiros*, por contarem com o maciço apoio dos banqueiros locais do jogo de bicho, que à época ainda não era ilegal; os botelhistas, por *faustinos*, alcunha emprestada de um policial bronco, de origem nordestina. Disputas à parte, nem por isso a cidade deixava de progredir.

NOVIDADES E MELHORIAS NA CIDADE QUE CRESCE

A mescla entre os sentimentos de vontade autônoma e independente de estímulos externos e de ser agente responsável pelos empreendimentos carreadores de progresso e civilização para os sertões deve ter servido para orientar em alguma medida a consciência dos grandes fazendeiros e justificar algumas de suas atitudes. Importava apresentar São Carlos como progressista e civilizada, nos moldes da capital e das sociedades européia e americana, mesmo que não houvesse base, nem econômica e muito menos social, para tal.

A Câmara Municipal (à esquerda) instalou-se no palacete do conde em 1921, dois anos após sua aquisição. Composição do governo municipal em 1916, chefiado pelo capitão Delphino M. de Camargo Penteado, prefeito, e pelo coronel José Rodrigues de Sampaio, presidente da Câmara. O prefeito (abaixo) e autoridades inspecionam obras realizadas na avenida São Carlos, defronte a antiga Câmara Municipal.

Encartes (à direita) de posturas municipais regulando a fiscalização de veículos (1899) e o serviço de esgotos (1903). Foto comemorativa do centenário da Independência (7 de setembro de 1922), tirada na face sul do Edifício Euclides da Cunha, atual sede da Câmara Municipal (ao lado). Entre os presentes, na fila da frente: Joaquim Augusto Gomide (o terceiro, da esquerda à direita), vereador (1895-1905 e 1908-1911), Delphino Martins de Camargo Penteado (o quarto), vereador (1905-1920 e 1923-1929) e prefeito (1914-1917); Theodorico Leite de Almeida Camargo (o sexto), vereador (1917-1923); Dagoberto Salles (o sétimo), vereador (1920-1923 e 1926-1929). Na fila de trás, Carlos de Camargo Salles (o nono da esquerda à direita), prefeito (1938-1941) e vereador (1948-1951). Antigo prédio da Câmara Municipal (abaixo), demolido em 1926, localizado à praça Coronel Salles, em frente à atual sede social do São Carlos Clube.

ALGODÃO
EMPREGADO E ABERTO A MACHINA
CHOARIA PROGRESSO
EXIJAM ESTA MARCA
ESGOTAMENTO NERVOSO?
Confecciona sob medida
Calçados para homens
Senhoras e crianças
RENDAS PERFUMARIAS
LINHAS, MEIAS ETC.

Na página ao lado, o salão Baffa, do barbeiro Nicola Baffa (ele está na cadeira do centro). Gisto Rossi (em pé acima, apoiado em uma bancada) em sua fábrica de rádios. Ele foi o pioneiro do rádio em São Carlos. A primeira estação de rádio programada do mundo surgiu em Pittsburgh, Pennsylvania, nos Estados Unidos, em 1920. No Brasil, o rádio programado surgiu em 1923, com a Rádio Sociedade do Rio de Janeiro. E já em 1926, Gisto Rossi começou suas transmissões experimentais em São Carlos. Em 1933, sua estação experimental realizou a primeira transmissão esportiva da cidade: uma partida de futebol entre uma equipe local e o Palmeiras (que se chamava Palestra Itália), realizada no estádio do Ruy Barbosa. Com muita luta, conseguiu uma concessão e, em 1941, inaugurou a Rádio São Carlos, que até hoje está no ar.

A ferrovia foi talvez o elemento que encarnou com mais propriedade essa marca da civilização. Além de ela se constituir propriamente em via rápida de acesso à capital, sua artificialidade e energia discrepavam bruscamente das paisagens interioranas, estimulando desde há muito tempo a curiosidade e a vaidade de toda a população. Houve sem dúvida estupefação e, algumas vezes, incompreensões, como no caso dos postes de telefone, inicialmente arrancados por moradores da zona rural, que utilizavam seus fios como varais. Em 1911, quando os primeiros automóveis apareceram na cidade, e São Carlos já contava com meia dúzia deles, um cronista se referia a tais "machinas que embasbacam os matutos e que fazem o civilizado meditar, instinctivamente, no progresso assustador da humanidade. E quem sabe – indagava em tom profético – se depois de automóbilisado, São Carlos terá os bondes electricos, que, segundo a gente da roça, é um vagão puxado por telegramma?".[10]

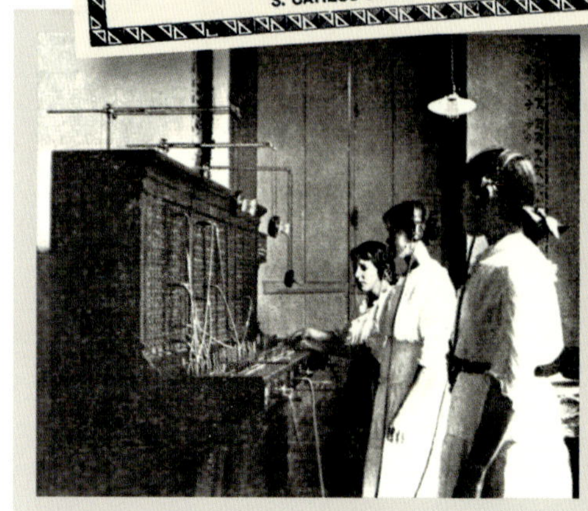

Desde o final do século XIX, São Carlos já dispunha de melhoramentos importantes. Anúncio de casa comercial, dotada de telefone, em 1894. Comutadores centrais da Companhia Telephonica S. Carlense (1916). Instalações da Santa Casa (1920). *Na página ao lado*, duas tomadas da Praça Coronel Salles com a antiga pérgula (à esquerda). Autoridades e o corpo da polícia civil em novembro de 1935 (à direita), alinhados na frente da antiga delegacia de polícia e cadeia municipal, que funcionavam no porão do edifício Euclides da Cunha (embaixo).

Não há dúvida de que as elites rurais tiveram uma enorme influência sobre o desenvolvimento da cidade. Conquanto não se possa minimizar o fato de várias funções antes instaladas nos latifúndios serem transferidas ao sítio urbano, sobretudo, por imigrantes, foi por iniciativa estrita dos fazendeiros que a cidade se proveu dos mais importantes equipamentos urbanos e eventos. Alguns exemplos disso são a canalização da fonte da Biquinha (no local onde se situa atualmente o Teatro Municipal) e a distribuição da água por meio de chafarizes, em 1889; o serviço de linhas telefônicas, inaugurado nesse mesmo ano; a inauguração do novo (e atual) cemitério no ano seguinte, em local à época bem distante da vila; a inauguração do Teatro Ipiranga (depois Teatro São Carlos e, finalmente, Cine São Carlos, demolido na década de 1970 para ampliação da Praça Coronel Salles), acolhendo companhias teatrais e de operetas, em 1892, e do serviço de iluminação pública e particular à eletricidade, em 1893; o lançamento da pedra fundamental do hospital local, a Santa Casa de Misericórdia, ocorrido no primeiro dia de 1894 e o do primeiro grupo escolar da cidade, o Paulino Carlos, em 1901 (cujas obras forma supervisionadas por Euclides da Cunha); a inauguração do mercado municipal nesse mesmo ano e sua ampliação em 1907; a realização da primeira exposição regional de animais em 1905, apoiada pelo secretário da Agricultura Carlos Botelho; além do próprio serviço de bondes elétricos que começou a funcionar em 1914.

Em 1893, os jornais testemunharam o grande entusiasmo no carnaval da cidade, com bailes à fantasia animados por can-cans, polcas, valsas e "passeata de carros de idéias", como então o desfile de carros alegóricos era referido. Nesse mesmo ano apareceu por aqui o primeiro fonógrafo, anunciado como "a maior maravilha desse século", cujas audições, "com grande repertório de óperas cantadas pelos artistas de mais nomeada do mundo"[11], eram cobradas à base

Photographia tirado em 8-11-935

Pioneirismo e novas Tecnologias

Na era da eletricidade

Em São Carlos, o final do século XIX e o início do seguinte foram marcados por grande progresso e pelo pioneirismo na implantação de novas tecnologias.

Ainda em 1889, inaugurou seu primeiro ramal telefônico. Naquele mesmo ano, a região central da cidade passou a receber água canalizada.

Existem referências a que, por essa época, a cidade, até então iluminada por lampiões de querosene, teria sido uma das primeiras cidades da América Latina a implantar uma rede pública de iluminação, com utilização de 200 lâmpadas de arco voltaico, gerando 16 velas cada uma delas. A lâmpada de arco voltaico, precursora das modernas lâmpadas de descarga de mercúrio e sódio, foi, de fato, utilizada comercialmente e com eficiência, de 1888 até 1920, na iluminação pública em muitas cidades.

É certo, no entanto, que em 1890 a Intendência contratou a instalação de um sistema de geração e distribuição de energia elétrica, prevendo o aproveitamento das águas do Ribeirão Monjolinho. A outorga foi feita à empresa Malfatti & Huggins, pelo prazo de trinta anos. Em 16 de novembro daquele ano, foi constituída a Companhia de Luz Eléctrica de São Carlos, que logo providenciou a compra dos terrenos onde a usina seria instalada. As obras da usina – cujo sistema consistia de duas turbinas em caixa espiral, acionando dois geradores monofásicos de 50 kva – estenderam-se até 1893. Em 2 de julho daquele ano, ela entrou em operação e cidade pôde receber iluminação pública e particular.

Não era uma usina qualquer, mas sim a primeira usina hidroelétrica do Estado de São Paulo. Antes, apenas Campos, no Estado do Rio, teve as suas ruas iluminadas por esse processo.

Mais tarde, em 1907, a primeira empresa de eletricidade foi adquirida pela Companhia Paulista de Eletricidade, com sede em Limeira, que construiu novas usinas de geração de força e realizou a ampliação da iluminação pública. As 268 lâmpadas de 16 velas e as 38 lâmpadas de 32 velas foram substituídas por 1.000 lâmpadas de 50 velas e 10 focos de 600 velas, estes colocados no largo da Matriz.

O impacto da energia elétrica sobre a vida da cidade foi tão grande que apenas os bairros dotados do melhoramento eram conhecidos por "cidade", os demais eram classificados como "subúrbios". Nos anos seguintes a extensão das linhas, atingindo praticamente toda a área urbana, foi uma constante, bem como o aumento da capacidade de produção de energia, aproveitando os desníveis da topografia regional. Em 1913, a construção da grande usina do Quilombo trouxe substancial reforço à rede energética.

Cascata do córrego do Monjolinho, vendo-se na parte inferior da foto a usina hidroelétrica pioneira, inaugurada em 1893. Mais tarde, ela forneceria eletricidade para o serviço de bondes, instalado em 1914.

C.P.E.
13

C.P.E.
7

Mobiloil
SãoCarlos - E.S.
Foto-Torretta

Dona da usina pioneira, a Companhia Paulista de Eletricidade seria, pouco mais tarde, responsável pela implantação de outro melhoramento urbano, igualmente pioneiro: o transporte público através de bondes elétricos.

É da última década do século XIX a primeira tentativa de prover o transporte coletivo popular. O coronel Leopoldo de Almeida Prado constituiu, com capital próprio, uma empresa de bondes. Eram puxados por burros e se destinavam apenas a servir aos moradores da Vila Prado, de implantação recente, que demandavam a estação da estrada de ferro e a zona comercial da "baixada". A inovação durou pouco, tendo sido uma das vítimas da desolação que tomou conta da cidade na terrível epidemia da febre amarela.

No início do século XX, o transporte coletivo tornou-se uma das grandes preocupações dos são-carlenses. Por volta de 1911, um assunto dividia a cidade e estava presente em todas as conversas: a instalação de um serviço de transporte de passageiros com bondes elétricos. Muitos achavam que o empreendimento estava muito acima da capacidade financeira e técnica da cidade. Afinal, apenas a Capital e Santos possuíam esse serviço. Campinas só o teria em 1912. Mesmo na Capital, os bondes elétricos circulavam há pouco tempo, implantados em 1900 pela poderosa Light and Power Company.

Mas a ousadia venceu e a concessão foi feita à Companhia Paulista de Eletricidade em 1912. Logo começaram a chegar pela ferrovia os materiais importados para a instalação das linhas. Quando chegaram os primeiros carros belgas e os primeiros trilhos foram implantados nas ruas, a cidade começou a acreditar na viabilidade do empreendimento.

Em 27 de dezembro de 1914, os bondes elétricos da Companhia Paulista de Eletricidade já corriam as ruas da cidade. O sistema dispunha de nove veículos – um deles configurado para transporte de carne do matadouro para os açougues da cidade –, sendo seis de passageiros. Em São Carlos nunca houve renovação de frota; os primeiros bondes elétricos foram também os últimos da cidade. A praça Coronel Salles (à época, Largo Municipal) era ponto de convergência das três linhas de transporte urbano, previstas pelo contrato assinado em 15 de junho de 1912, que estabeleceu um prazo de cinqüenta anos para a concessão.

Os bondes elétricos foram, durante muito tempo, uma marca característica da cidade, motivo de orgulho para os seus habitantes, não só pela importância dos serviços, como também pela originalidade da visão que lhe emprestavam, já que foram poucas as cidade que contaram com esse tipo de serviço de transporte. Desapareceram no final do contrato de concessão, em 1962, e deixaram saudade que perdura até hoje entre os antigos habitantes.

Frigidaire
RESERVADO
GAZOLINA ENERGINA
EXCLUSIVIDADE DA
AGENCIA FORD

Mobiloil
AGENCIA FORD

2.10.908

Nº12 S. Carlos Mercado Municipal

S. CARLOS: MERCADO MUNICIPAL
Photo. PÉREZ

de mil réis por pessoa. Em 1897, uma Companhia Francesa de Variedades trouxe, em meio a atrações de mágicas, danças e apresentações musicais, um cinematógrafo, que pela primeira vez projetou cenas em movimento, causando grande impressão. Em 1899 surgiria o periódico de maior permanência na história do município, o Correio de São Carlos, fundado pela iniciativa de Arthur Augusto Ribeiro de Souza, que se manteve circulando até 1966, após passar pelas mãos de inúmeros proprietários. O século XX se iniciou com a inauguração do novo prédio construído para se abrigar o fórum e a cadeia, onde atualmente funciona a Câmara Municipal.

Na página ao lado, o antigo Mercado Municipal, que ocupou parte da chácara de Jesuíno de Arruda. Construído pelo italiano Francesco Daddamio, teve o primeiro pavilhão (foto maior) entregue à população em 1903. Em 1907, um segundo pavilhão (foto do centro à direita) foi construído, seguindo mesmo estilo. Uma modernização o desfiguraria (foto superior à esquerda), ainda antes da demolição que precedeu a construção do mercado atual. *Nesta página*, o Theatro Polytheama, inaugurado em 1911, localizado à rua Municipal (atual rua Major José Ignácio). No mesmo local, funcionaram mais tarde os cines São Paulo, Progresso e Studio. O prédio foi adquirido pela prefeitura em 2007 para instalação do Cine São Carlos e dos estúdios da TV Educativa.

Em 1905, um colégio de religiosas de origem francesa começou a funcionar em São Carlos e, oito anos depois, esse colégio se instalaria em um enorme prédio construído para esse fim. Em 1906, o primeiro filme seria exibido em São Carlos, por José Martinelli, proprietário de "um maravilhoso aparelho de marca Lumière" e, quatro anos mais tarde, uma empresa aqui criada tornaria tal atividade regular na cidade, ainda que se tratasse de cinema mudo, pois o sonoro somente chegaria em 1930. Em dezembro de 1911, São Carlos sediou o IV Congresso Agrícola do Estado, e no mês seguinte, surgiu o Derby Club, cujo prado (na verdade o segundo de São Carlos) seria instalado em terreno hoje ocupado pelo São Carlos Clube. Também nesse mesmo ano foi instalado o Teatro Polytheama.

Em 1915, um almanaque do Estado de São Paulo afirmava que São Carlos possuía "todas as commodidades que reclamam uma cidade moderna. Tem dois theatros, posto zootechnico, hypodromo, velódromo, linha de tiro, linhas de bondes electricos, bancos, hospitaes, hotéis, etc".[12] Ao final de 1917, São Carlos foi, ainda, escolhida pelo governo do estado para abrigar uma das delegacias regionais de saúde então criadas.

No entanto, foi a instalação de uma Escola Normal na cidade, em 1911, instituição de que poucos municípios no Estado podiam se gabar, a mais importante realização nesse campo. Não se pode menosprezar a influência desse empreendimento para o desenvolvimento da cidade, porque a Escola Normal congregou em suas salas de aula jovens saídos das classes médias e das elites de uma vasta região, cujo núcleo polarizador passou a ser São Carlos. Além disso, a fixação em São Carlos de lentes ilustres para o magistério nessa instituição conferia à cidade certa efervescência cultural, um ambiente propício à criação de clubes literários, reuniões científicas, etc., tão a gosto do pensamento especulativo e da roupagem vistosa dos intelectuais de então, de imaginação cultivada e leituras francesas. Ilustres intelectuais de renome visitaram a instituição para proferir palestras,

SÃO CARLOS

O cinema foi eixo importante da vida cultural da cidade. Já em 1902, o *cinematographo* foi apresentado no Theatro São Carlos, na Praça cel. Salles. O teatro foi transformado no Cine São Carlos (foto maior) e funcionou até 1976, quando foi demolido para ampliação da praça. O Cine Avenida (acima), inaugurado no início da década de 50, tinha mais de mil lugares e funcionou até 1982, quando também foi demolido. O prédio do Cine São José (na foto do meio, quando ainda funcionava) ainda resiste, inteiramente desfigurado, no Largo de São Benedito. A foto inferior mostra os operadores nos primeiros tempos do cinema falado, quando o som era gravado em discos.

ao mesmo tempo em que várias publicações, contendo contribuições de alunos e professores, surgiram na cidade, embora muitas de caráter efêmero. Já em 1927, o próprio ideário modernista era propagado em meio a anúncios de profissionais e do comércio local, por meio da revista Raça, dirigida por Orlando Damiano, Antonio Wikin e Wamberto Dias da Costa. Ao longo dos anos, a Escola Normal, seu imponente edifício, seus alunos e professores e o conjunto de atividades ali reunidas representaram assim um diferencial importante para uma cidade do Interior. Anos mais tarde, muitos dessa elite intelectual que gravitou ao redor da escola, se lançariam na política, como Theodorico Leite de Almeida Camargo, Luiz Augusto de Oliveira (o Luizão), Antonio Adolpho Lobbe, Elydia Benetti, Mário Tolentino e Ary Pinto das Neves, entre tantos outros.

Para sacramentar todos esses sinais de civilização e de progresso, também não faltou o elemento religioso. São Carlos tornou-se, em 1908, a sede do Bispado e sua igreja matriz foi elevada a catedral, fato que se reveste de enorme importância. Até então, todo o Estado de São Paulo constituía uma única diocese. Em 7 de junho de 1908, o Papa Pio X editou a bula *Diocesium Nimiam Amplitudinem*, elevando São Paulo à condição de Arquidiocese e Sé Metropolitana, com cinco dioceses subordinadas: Taubaté, Campinas, Ribeirão Preto, Botucatu e São Carlos. Não é difícil imaginar o impacto que isso teve sobre a cidade, que arrancava de visitantes elogios prodigiosos. Pela sua posição geográfica, a diocese de São Carlos abrangia uma área enorme, incluindo Jaú, Barra Bonita e Itapuí, no centro do Estado; Bebedouro, Monte Azul Paulista e Barretos, ao norte; estendendo-se até São José do Rio Preto, mais a oeste. Só em 1929, esse território foi diminuído, com o desmembramento das dioceses de Jaboticabal e São José do Rio Preto, então criadas pelo Papa Pio XI.

A instalação da sede do bispado em São Carlos reforçou, ao longo de décadas, a influência marcante – e quase sempre conservadora – que a Igreja Católica, seus prelados e o conjunto de atividades institucionais, sobretudo no campo educacional, exerceram sobre a mente da gente são-carlense, uma população já católica por formação, até pelo menos os anos 60.

D. José Marcondes Homem de Mello, que governou a diocese por quase 30 anos – desde sua criação em 1908 até falecer, em 1937 –, tratou de consolidar essa influência, adquirindo em 1916 o palacete do falecido major José Ignácio de Arruda Penteado, nele instalando, em 1923, o Ginásio Diocesano. O próprio Palácio Episcopal, sede da diocese, instalou-se em prédio adquirido pelo município à rua do Carvalho (que se tornou rua Episcopal), em uma antiga residência cujas paredes foram adornadas com afrescos de Benedicto Calixto. Décadas mais tarde, com a sede episcopal já transferida para a rua 9 de Julho, o antigo Palácio Episcopal foi demolido para a construção de uma agência bancária. Os afrescos foram retirados e preservados, pertencendo atualmente ao patrimônio do Município.

D. Gastão Liberal Pinto, bispo coadjutor desde 1934, assumiu a diocese em 1937 e permaneceu à sua frente até 1945, quando faleceu apenas poucos dias após ter sido nomeado

D. José Marcondes Homem de Mello, primeiro bispo da diocese (1908 – 1937). Em 1906, d. José havia sido ordenado, em Roma, arcebispo de Belém do Pará. Em seu retorno ao Brasil, seu navio naufragou nas costas da Espanha. D. José salvou-se, ao contrário do bispo de São Paulo que o acompanhava. O Palácio Episcopal, localizado à rua 9 de julho. O interior da antiga matriz, elevada a catedral com a criação da diocese e, mais tarde (1948), demolida.

Documentos relativos à mudança do nome da cidade (de São Carlos do Pinhal para São Carlos) em 1908.

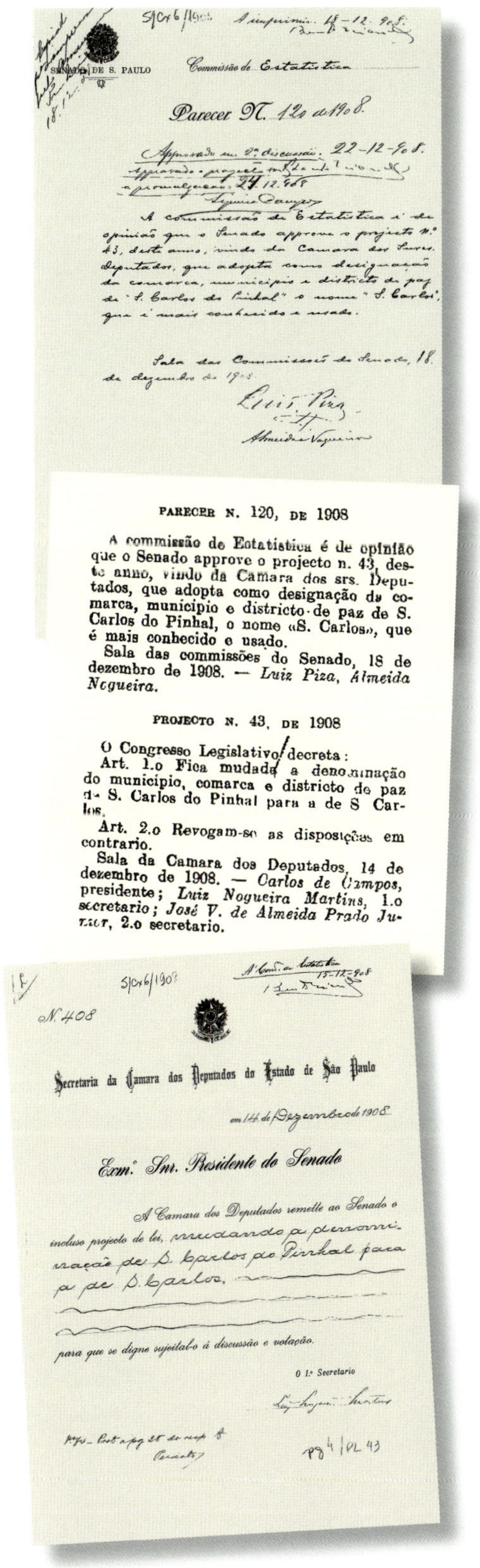

PARECER N. 120, DE 1908

A commissão de Estatistica é de opinião que o Senado approve o projecto n. 43, deste anno, vindo da Camara dos srs. Deputados, que adopta como designação da comarca, municipio e districto de paz de S. Carlos do Pinhal, o nome «S. Carlos», que é mais conhecido e usado.

Sala das commissões do Senado, 18 de dezembro de 1908. — *Luiz Piza, Almeida Nogueira.*

PROJECTO N. 43, DE 1908

O Congresso Legislativo decreta:

Art. 1.o Fica mudada a denominação do municipio, comarca e districto de paz de S. Carlos do Pinhal para a de S. Carlos.

Art. 2.o Revogam-se as disposições em contrario.

Sala da Camara dos Deputados, 14 de dezembro de 1908. — *Carlos de Campos*, presidente; *Luiz Nogueira Martins*, 1.o secretario; *José V. de Almeida Prado Junior*, 2.o secretario.

Secretaria da Camara dos Deputados do Estado de São Paulo

Exm.º Snr. Presidente do Senado

como primeiro reitor da Pontifícia Universidade Católica de São Paulo, que ajudara a fundar. Em sua gestão, foi lançada a pedra fundamental da nova catedral, construída e inaugurada em 1956 por seu sucessor, d. Ruy Serra. Este teve longa vida apostólica na cidade: cura da catedral em 1928, diretor do Ginásio Diocesano em 1930, cônego, monsenhor e vigário geral nos anos seguintes. Vigário capitular, com a morte de d. Gastão, administrou a diocese até ser sagrado bispo em 1948. Instalou a Cúria Diocesana no prédio atual, fundou o Seminário Maior e participou dos trabalhos do Concílio Vaticano II. Permaneceu à frente da diocese até 1970, quando se afastou em razão da idade, entregando a administração da diocese a seu coadjutor, d. Constantino Amstalden, cujo episcopado estendeu-se até 1995. Sucederam-no d. Joviano de Lima Júnior (1996-2006) e D. Paulo Sérgio Machado, que assumiu a diocese em janeiro de 2007.

Além da criação da diocese, 1908 abrigou outro acontecimento marcante. Foi também nesse ano que a cidade teve seu nome amputado, passando oficialmente a se chamar apenas São Carlos. Muito se especulou e ainda se especula sobre as razões dessa modificação, introduzida pela Lei no 1.158, de 26 de dezembro de 1908. Uma das versões mais difundidas atribui a mudança a uma possível confusão que se estabelecia entre São Carlos do Pinhal e Espírito Santo do Pinhal, importantes produtores de café à época. A lei teria alterado o nome de ambos os municípios, que teriam passado a chamar apenas São Carlos e Pinhal, respectivamente. Mas não foi isso que ocorreu. A lei em questão alterou apenas o nome de São Carlos. Espírito Santo do Pinhal só teria o nome amputado vinte anos depois, por meio do Decreto-lei Estadual no 9.775, de 30 de novembro de 1938. Em 1974, uma lei restauraria seu nome original.

Outra corrente ainda viva sustenta que a mudança não passou de retaliação dos republicanos contra os monarquistas, uma vez que a antiga denominação vinculava a cidade ao Conde do Pinhal, expoente no regime monárquico. Em 1908, no entanto, a república já tinha quase vinte anos e estava inteiramente consolidada como regime. O país era governado por Affonso Pena, seu sexto presidente (o quarto eleito pelo voto). O conde do Pinhal estava morto há mais de sete anos e seu primogênito, Carlos José Botelho, já se integrara ao regime republicano, exercendo, desde 1904, as funções de secretário de Agricultura, Viação e Obras Públicas do governo estadual de Jorge Tibiriçá. É difícil crer que ainda existisse preocupação com a importância política do conde do Pinhal a ponto de promover essa espécie de retaliação.

Mas tampouco é crível que a mudança tenha tido o singelo escopo de simplificar a denominação, estabelecendo em lei o que já era situação de fato, porque a cidade era conhecida pelo nome de São Carlos, apenas. É isso que consta dos anais do Congresso Estadual (à época, também nos Estados o Poder Legislativo era bicameral, com Senado e Câmara). Se fosse esse o objetivo, o da mera simplificação do nome, por que a medida se limitaria a São Carlos, não se estendendo a tantas outras cidades paulistas que têm nome composto? O fato é que a mudança de nome continua sem explicação convincente.

Saneamento Básico
Uma história de contrastes

No final do século XIX, as condições sanitárias das cidades brasileiras eram bastante precárias, sendo comuns as doenças epidêmicas. Mesmo no Rio de Janeiro, a Capital, esse era um problema grave, bastando lembrar a epidemia de febre amarela ocorrida no final da década de 80 e princípio da de 90.

São Carlos, nas primeiras décadas de sua existência, menos de vinte anos depois de o embrionário aglomerado urbano se formar no entorno da capela, foi assolada por duas graves epidemias de varíola, uma em 1874, outra em 1879.

Foi certamente isso que levou a administração municipal – à época chamada de Intendência – a atacar, em 1899, um dos mais sérios problemas urbanos, o abastecimento de água potável e de serviço. Foi o primeiro movimento feito para implantação do saneamento básico na cidade. A solução então adotada foi a canalização das águas da "Biquinha do Padre", a mais antiga fonte de água da cidade, localizada onde hoje se encontra o Teatro Municipal. As mais antigas citações oficiais sobre este manancial são de 1883 quando a Câmara Municipal negou a um cidadão o privilégio para a retirada de água aquela fonte. A "Biquinha" foi considerada de utilidade pública. Em 1889, suas águas foram levadas por gravidade a chafarizes colocados em pontos de maior afluxo de povo, primeiro até o local onde hoje é o Mercado Municipal, onde foi instalada uma torneira de uso público, e depois para diversos chafarizes distribuídos pela cidade.

Obras de implantação de galerias de águas pluviais (acima) na avenida São Carlos (década de 1960). *Na página ao lado*, captação de água improvisada. Nas fotos coloridas, a estação de tratamento de esgotos construída a jusante da cascata do Monjolinho e inaugurada em 2008.

Mas foi só uma década depois, em 1899, depois de abatida a cidade por mais uma epidemia, agora de febre amarela, que a rede geral de água canalizada foi inaugurada. O sistema do Valinhos foi construído em 1913, recalcando água para o reservatório da Vila Nery. Em 1917, iniciou-se a utilização das águas do Espraiado.

O crescimento da cidade fazia adiar a solução completa do problema. Em 1926, vários bairros ainda não contavam com água encanada: em 3 de março daquele ano, por exemplo, a Câmara Municipal apreciou pedido dos moradores das vilas Marcelino e Isabel solicitando a extensão da rede de água para aqueles bairros.

E os próximos passos importantes demoraram várias décadas: o sistema do Monjolinho e a Estação de Tratamento de Água (ETA) da Vila Pureza, construídos entre 1958 e 1960.

Em 1969, foi criado o Serviço Autônomo de Água e Esgoto de São Carlos (SAAE) para administrar os serviços de abastecimento de água e coleta de esgoto em todo o município. E foi esse novo órgão o responsável pela definição da nova captação junto ao Ribeirão do Feijão e a construção de uma adutora de 18 quilômetros de extensão, seis dos quais atravessando a zona urbana. A captação do Feijão, iniciada em 1969, foi inaugurada em 1971, obrigando à ampliação da capacidade da Estação de Tratamento da Vila Pureza. E novas ampliações foram necessárias em 1998, tanto na captação do Feijão – que teve construída uma nova barragem – quanto na Estação de Tratamento.

Concomitantemente, a partir de 1969, o SAAE iniciou a captação no aqüífero subterrâneo, construindo poços profundos. O primeiro deles foi o Poço Antônio Fischer dos Santos, perfurado nas proximidades da Piscina Municipal, o conhecido "Poço da CICA", que iniciou sua operação em 2 de junho de 1969, com água de excelente qualidade. Hoje, há 18 poços em operação contínua com produção equivalente à proveniente das águas de superfície. Essa produção abastece a cidade, que tem 98,71% dos domicílios ligados à rede.

O problema dos esgotos, no entanto, teve história diferente. Ainda no século XIX, no mesmo ano de 1889, em que atacou o grave problema da água, a Intendência cogitou dar solução também ao problema dos esgotos. Mas só uma década mais tarde – vencida, lembre-se, a terrível epidemia de febre amarela – a questão começou a ser concretamente tratada: em 8 de janeiro de 1900, foi empreitada a construção da rede de esgotos domiciliares, sendo a obra recebida oficialmente pela administração em 1903. Durante todo o século XX, as administrações que se sucederam cuidaram de ampliar a rede de coleta: em 2000, o IBGE apontava que 98,35% dos domicílios da cidade tinham ligação à rede de coleta de esgoto.

Esses números não conseguem esconder, no entanto, uma verdade que chega a ser estarrecedora. A cidade de São Carlos, com mais de 200.000 habitantes, sede de duas universidades públicas, nacionalmente conhecida como pólo de alta de tecnologia, chegou ao século XXI sem tratar um centímetro cúbico sequer de seu esgoto. Ao longo de todo esse tempo, os dejetos foram lançados *in natura* nos cursos d'água que lhe atravessam, contribuindo fortemente para a poluição da bacia do Rio Jacaré-Guaçu.

Só em 2003 um projeto definitivo de estação de tratamento de esgoto foi concebido pelo Departamento de Hidráulica e Saneamento da Escola de Engenharia de São Carlos da Universidade de São Paulo (EESC-USP). Em 2007, a Prefeitura Municipal e o SAAE contrataram a sua construção. A Estação de Tratamento de Esgotos foi implantada no antigo sítio Santa Adelaide, na estrada municipal Cônego Washington José Pêra. Com a inauguração da obra, em 2008, a cidade passou a tratar, de uma única vez, 100% do esgoto gerado no município. Uma segunda etapa deverá ser implantada em 2015 e, estimando-se uma população de 500 mil habitantes, uma terceira etapa deverá ser implementada a partir de 2055. De quebra, a obra proporcionará a instalação de um parque ambiental, recuperando todo o ciclo biológico de três cachoeiras, no entorno da centenária Usina Hidrelétrica do Monjolinho.

Tempos de crise

No município de São Carlos, o período entre 1934 e 1950 foi marcado por um inequívoco retrocesso do setor agrícola. A maior parte dos cafezais já se encontrava vinte anos antes em estado de decadência, de forma que o abalo geral sofrido pela economia cafeeira refletiu-se de modo decisivo nas plantações. Se na primeira metade da década de 1930 os efeitos negativos da crise puderam ser contornados pela persistência da política de valorização do café, a partir dessa data o adiamento da crise não mais se sustentou. A estagnação da lavoura do município de São Carlos parece ter sido mais profunda do que em outras regiões vizinhas e pode ser explicada por um agravante específico local: a existência de vastas áreas em que predominavam solos de baixa fertilidade. Isso certamente ocasionou problemas maiores na adoção de outras culturas que poderiam substituir os cafezais. Comparando-se com Araraquara, constata-se que neste município a introdução de outras culturas processou-se com maior facilidade. Já em 1935, em um levantamento a respeito da lavoura paulista realizado pelo governo estadual, era notável o atraso, em termos de produção, da agricultura do município de São Carlos em relação à de Araraquara. A cultura de algodão – a que mais se propagou após a grande crise cafeeira –, rendeu neste ano, em Araraquara, 612.000 arrobas, a maior produção de toda a Paulista e Mogiana. São Carlos, no mesmo ano, não chegou a produzir nem um quinto dessa cifra (119.000 arrobas).

O problema da fertilidade dos solos aliado à resistência à divisão dos latifúndios também dificultou, a exemplo do que ocorreu com o algodão, a penetração de outras culturas. Na segunda metade da década de 1930, muitas queixas diagnosticavam a ausência de um outro produto que pudesse, no município, ocupar o lugar deixado vago pelo café.

Uma opção tomada pelos agricultores do município, entrados os anos 30, foi a de reorganizar a produção de suas propriedades agrícolas com vistas à criação de gado leiteiro. Em 1932 foi aberta a primeira usina de leite pasteurizado e, em 1937, alguns produtores organizaram uma cooperativa: por meio de um manifesto de convocação dirigido aos proprietários de terra para integrá-la, deixaram claro o fim do primado do café e a busca de uma nova alternativa.

Com a economia cafeeira combalida, São Carlos via ameaçado seu prestígio de uma das mais progressistas cidades do interior. Os sinais de decadência no campo se avolumaram e o

Na página ao lado, cenas do Parque Nery (localizado próximo ao balão do bonde), que constituía uma das opções de lazer oferecidas à população. O parque abrigava quadras de esporte e um pequeno zoológico.

êxodo rural processou-se de forma considerável. O núcleo urbano da própria São Carlos deve ter absorvido a maior parte dessa população rural, mas, mesmo assim, ao longo de todo esse período, o município teve sua população reduzida.

Contudo, o município granjeou a reputação de cidade fabril, conforme veremos adiante, e de centro escolar, que atraía estudantes de outras cidades. De fato, já numa época anterior às universidades que depois viriam, São Carlos aglutinava um conjunto respeitável de instituições escolares. Uma publicação da prefeitura datada de 1940 indicava que além das escolas primárias, que acolhiam pouco menos de 5 mil alunos, havia na cidade: a Escola Normal (333 alunos); a Escola Profissional Secundária (317 alunos); o Colégio São Carlos, com curso ginasial para meninas e moças (290 alunas); o Ginásio Municipal, pertencente ao bispado (175 alunos) e anexo a este o Seminário Menor Diocesano (58 alunos); a Escola de Comércio de São Carlos (263 alunos); e a Faculdade de Comércio Pedro II (276 alunos).

Não obstante a crise, havia pelo menos três locais públicos de lazer para a população: a represa do Espraiado, situada em meio a um bosque, onde "póde o visitante gosar das delicias de uma piscina de água corrente, com 30 metros de largura por 90 metros de comprimento, contando 12 cabines e instalações sanitárias para ambos os séxos", a piscina municipal com trampolins da praça Pedro de Toledo e o Clube Avícola, Agrícola e Esportivo, conhecido como Parque Nery, servido pelo bonde e por "linda coleção zoológica e muitos divertimentos que são o encanto da petizada".

Na página ao lado, a Piscina Municipal inaugurada na década de 1940. Antiga piscina do Espraiado, situada onde hoje se abriga o Parque Ecológico (abaixo).

São Carlos, nas primeiras décadas do século XX, contava com duas bandas musicais, conhecidas como a banda italiana e a banda brasileira, presenças obrigatórias nas ocasiões festivas e solenes. Na foto maior (ao lado), a banda italiana, auto-denominada "Corporazione Musicale", regida pelo Maestro Antonio Mugnai, em fotografia tirada em 16 de julho de 1904. Formação orquestral utilizada para acompanhamento de peças teatrais e outras apresentações (abaixo).

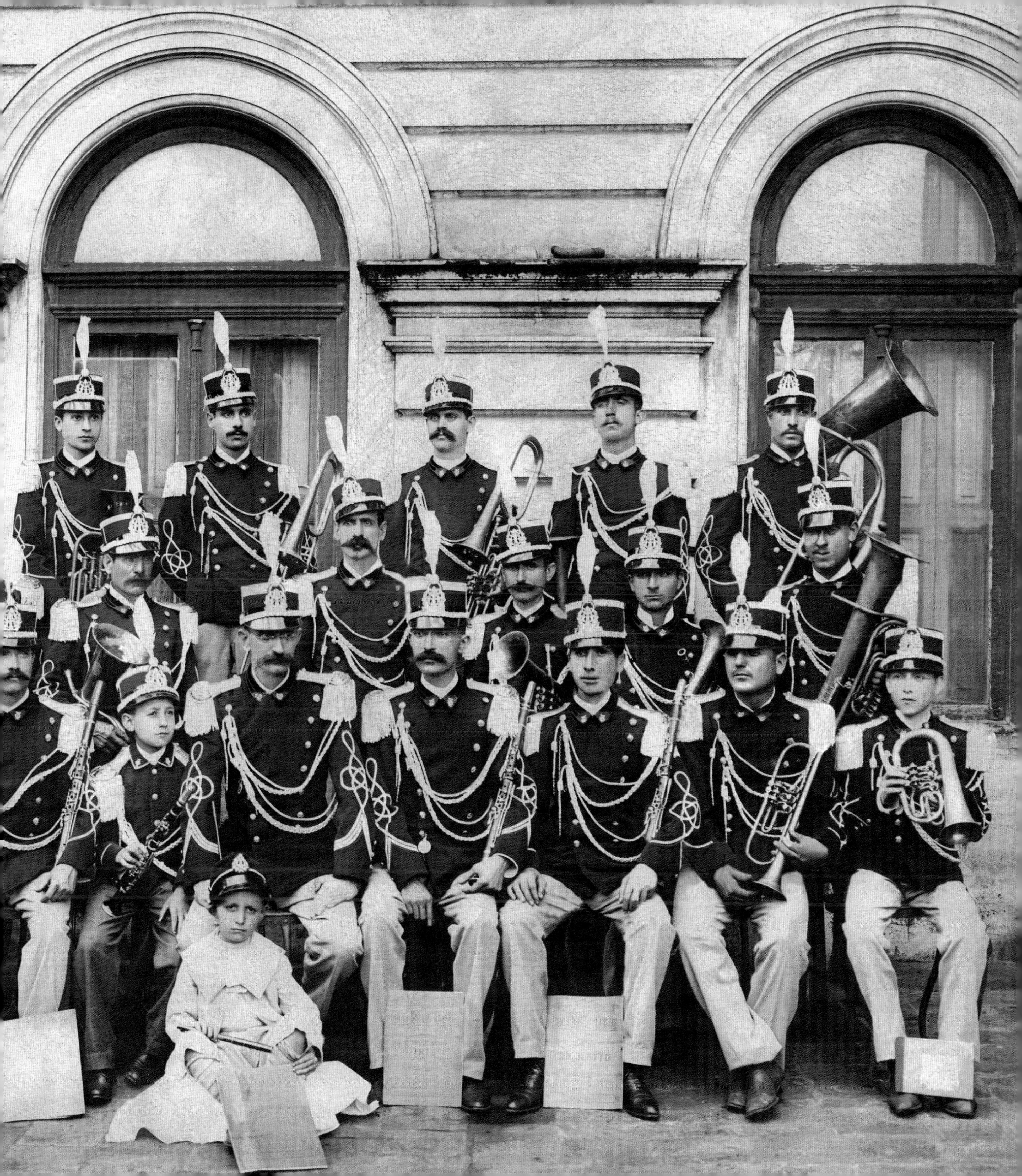

Ainda que a diferenciação de status entre zonas urbanas tenha estado presente desde o início da cidade (os palacetes mais elegantes, por exemplo, situaram-se tradicionalmente em torno das duas quadras ocupadas pela Igreja Matriz e pelo jardim público, local de moradia de maior prestígio para os fazendeiros) –, parece datar dessa época um recrudescimento no processo de segregação espacial, quando certas regiões da cidade passaram a abrigar populações em péssimas condições de habitação. De quando em quando, essa queixa aparecia repetida nas manchetes jornalísticas locais.

Os habitantes mais antigos da cidade tinham consciência dos sinais de decadência. A imprensa local registrou-os, discutindo suas causas e procurando uma saída que pudesse restaurar o prestígio perdido, talvez em boa medida influenciado pelo reacionarismo das classes médias, que passaram a ganhar peso político no município. O mal residiria na falta de civismo do são-carlense, e os apelos apaixonados em favor deste, quase sempre, degeneraram em um bairrismo incontrolável que permeou toda a década de 1940.

Os sintomas da crise também se refletiram no discurso dos políticos. Com o tempo, todos perceberam que deveriam frisar que haviam nascido em São Carlos, ou pelo menos que adoravam essa cidade como sua, de coração. A identificação dos políticos locais como sendo "gente da terra", em contraposição aos "políticos de fora", tornou-se fundamental porque grande parte da população passou a esperar que esses "fizessem o bem" ou "trabalhassem por" São Carlos, defendendo a cidade. A insistência nesse discurso, de reerguimento da cidade, acabou por abrigar todas as expressões das classes médias locais que herdaram o município: prefeito, vereadores, profissionais liberais, padres e bispo; todos irmanavam-se ora nos apelos ora nos festejos das coisas mais singulares.

Cenas do Jardim Público, atual praça Paulino Carlos de Arruda Botelho. O antigo coreto não mais existe, mas a fonte foi restaurada.

MACHINA DE BENEF

Nasce a indústria

MACHINA DE BENEFICIAR CAFÉ
"SÃO

Capítulo III

Embora possa existir divergência quanto à preponderância de um ou outro diferente fator, é indiscutível que o processo inicial de industrialização da cidade tem origem na acumulação de capitais gerada a partir da cultura cafeeira desenvolvida no Estado de São Paulo em fins do século XIX e início do XX. Isso ocorreu porque os fazendeiros paulistas preferiram introduzir o regime de mão-de-obra livre a verem esfacelado o sistema de grandes lavouras vigente. Essa é a diferença específica do ocorrido em São Paulo em relação a outros complexos regionais.

Quando a economia foi monetizada, muitos dos ofícios e funções antes contidos entre as porteiras das fazendas transferiram-se para as cidades. Em relação às cidades interioranas, essa talvez tenha sido uma das transformações mais notáveis. Em São Carlos, a adoção do trabalho livre significou um avigoramento profundo no meio urbano. A importação de imigrantes europeus igualmente favoreceu o surgimento de atividades industriais por vários motivos. Ao realizarem a imigração, alguns europeus transplantaram consigo um rol de novas atitudes, técnicas e atividades que favoreceram por várias vias o surgimento das indústrias. Enriqueceram também os ofícios existentes no País trazendo novas técnicas obtidas graças, muitas vezes, à experiência profissional herdada por eles ainda no Velho Mundo. Por essas razões, tiveram condições de atuar tanto como mão-de-obra mais qualificada para a industrialização nascente na época quanto como pequenos empreendedores, montando seus próprios negócios. Além disso, ingressaram no mercado de consumo, ainda que incipiente, até então constituído quase apenas pelas elites mais abastadas, já que os escravos pouco consumiam.

O café foi também o responsável direto pela criação de uma vasta infra-estrutura da qual pôde se beneficiar a indústria, a começar pela implantação da ferrovia. A expansão ferroviária foi o elemento que mais concorreu para a constituição de um mercado integrado em todo o Estado de São Paulo, ligando as cidades interioranas entre si e à Capital. Não foi outro o motivo por que quase todas as primeiras fábricas de São Carlos preferiram instalar seus galpões industriais em terrenos anexos à estação ferroviária, dispondo algumas delas de ramais próprios que facilitassem as operações de embarque e desembarque das matérias-primas e dos produtos finais.

As máquinas de benefício de café constituem uma das significativas manifestações da indústria articulada à agricultura. *Na página ao lado*, o italiano Francesco Zavaglia (com suspensórios), procedente da Calábria, traz seu café à firma de Sazanelli e Belluzzo, localizada na avenida São Carlos.

VANADIOL

Além disso, as próprias companhias de estradas de ferro geravam investimentos nas indústrias. Serralherias, fundições, serrarias, forjarias, etc., são exemplos de atividades formadas, muitas vezes, na esteira das companhias ferroviárias, que acabaram se revelando um excelente local para aprendizado de todos esses ofícios.

Outro significativo exemplo foi a implantação de redes de energia elétrica em várias cidades. Em São Carlos, isso ocorreu ainda no final do século XIX, com a operação, a partir de 1893, da Usina Hidroelétrica do Monjolinho, a primeira do Estado de São Paulo e uma das primeiras do Brasil. As atividades industriais são-carlenses, em particular, puderam contar desde cedo com a possibilidade de substituir seus motores a vapor, obtidos pela combustão de lenha, por motores elétricos, capazes de oferecer maior produtividade.

Na página ao lado, o movimento das charretes de aluguel e de mascates no largo da estação (atual praça Antonio Prado), vendo-se ao fundo uma vista panorâmica da cidade (1915). Usina hidroelétrica do Monjolinho (acima), de 1893, a primeira instalada no Estado. São Carlos foi a segunda cidade do país a contar com iluminação pública elétrica.

Por outro lado, o café também exigiu por extensão o desenvolvimento de alguns segmentos industriais diretamente vinculados ao seu processamento. O primeiro tipo de atividade industrial que se impôs, decorrente da importância da economia cafeeira na região, foi a indústria de beneficiamento. Movidas a vapor, as primeiras máquinas de benefício foram estabelecidas inicialmente nas próprias fazendas. Aos poucos, entretanto, começaram a ser instaladas máquinas de beneficiamento de café e de alguns cereais na própria cidade.

A existência de máquinas de beneficiamento acompanhou de perto a pujança da expansão do plantio na região. No total, na primeira década do século XX, foram instaladas nove unidades no município; outras três, entre 1910 e 1920. Nas duas décadas subseqüentes, o número total delas se reduziu à metade, acompanhando o declínio da lavoura cafeeira

Os fazendeiros não foram os únicos a se interessar pelas atividades de beneficiamento de café e de outros cereais. Em 1915, o maior estabelecimento comercial do gênero era o Engenho Victoria, de propriedade de Alexandre Masci, imigrante italiano, que teve algumas de suas máquinas premiadas com medalha de ouro na exposição nacional do Rio de Janeiro, em 1908.

Entretanto, as operações com beneficiamento de produtos agrícolas foram praticamente o único exemplo de atividade que se possa dizer industrial em que os fazendeiros investiram, tirante seus investimentos em infra-estrutura já aludidos. A aplicação efetiva de recursos da oligarquia rural estabelecida em São Carlos em qualquer outro setor mais propriamente industrial é pouco significativa, registrando-se como meritória exceção o aparecimento, na última década do século XIX, de uma fundição, de propriedade de Leonardo Botelho.

O beneficiamento do café significava para os cafeicultores mais um investimento que, a exemplo da ferrovia, permitia a ampliação dos lucros, melhorando a qualidade do produto e de seu preço de venda. Trata-se tão somente, no entanto, de uma etapa a mais na produção do sustentáculo único da economia estadual: o café.

Outro tipo de indústria decorrente do desdobramento das funções urbanas que se processou organicamente dependente do comércio do café, tem como agente principal não mais o fazendeiro do café, mas o imigrante interessado em se estabelecer com algum ofício, atraído para a cidade pelo florescimento de um mercado urbano mais desenvolvido. Observando-se a relação de profissionais que se dedicam aos mais diversos ofícios, é fácil constatar, já em 1894, por meio do almanaque da cidade publicado nesse ano, a abundância destes: 16 alfaiatarias, 47 oficinas de fabricação e conserto de sapatos, 2 fábricas de móveis, 5 de macarrão, 1 de charuto, 2 de sabão, 8 de cerveja, 15 ferreiros e serralheiros, 1 de fundição, 21 oficinas de carpintaria e marcenaria, 6 olarias e 2 serrarias.

A indústria local é, em seus primórdios, exatamente fruto do surgimento na cidade dessas variadas profissões. O imigrante é o protagonista principal em qualquer ofício. Porém, quanto ao mercado, já é nítida sua orientação em duas subindústrias: a de artigos para o consumo popular e aquela fornecedora de produtos utilizados nas propriedades agrícolas.

A primeira espécie caracteriza-se pelo fabrico de artigos usualmente destinados ao incipiente mercado de consumo da época. São, sobretudo, produtos de primeira necessidade que oferecem condições de serem produzidos localmente. Produtos alimentares, mobiliários e vestuários são os três ramos em que, preferencialmente, acomodam-se essas pequenas empresas. A produção é feita muitas vezes por encomenda e é indelével seu caráter domiciliar: bolachas, balas, biscoitos e macarrão; ternos, vestidos e calçados; xaropes, cervejas, vinhos, vinagres e licores; móveis, vassouras, sabão e utensílios domésticos –, tais são os componentes mais comuns dessas pequenas indústrias artesanais. Essa indústria de “fundo de quintal” tinha certo mercado garantido, tanto por saber se aproveitar da disponibilidade de certas matérias-primas locais – algodão, couro, açúcar, cereais, madeira, minerais, etc. – quanto por saber selecionar para a manufatura aqueles artigos cuja relação peso

Um exemplo expressivo da industrialização do início do século XX, voltada às necessidades de consumo da população. Na foto de 1916, o estabelecimento da família Cerri (originária de Rovigo) que, além de fabricar sabão, licores, xaropes e vinagre, importava gêneros italianos como vinhos, azeite, queijos e conservas.

Os primeiros automóveis, aqui surgidos em 1911, embasbacaram os são-carlenses, como escreveria um cronista da época. Mas a cidade logo se adaptou e seu comércio passou a contar com atividades a eles ligadas. Em meados dos anos de 1920, uma moderna ambulância foi aqui produzida para a Santa Casa local.

ou volume sobre valor tornasse desvantajosa a importação. É o caso, por exemplo, de algumas empresas que souberam se valer do desenvolvimento do sítio urbano, produzindo artigos utilizados na construção: tijolos, ladrilhos, artigos de carpintaria e marcenaria, grades, portões, batentes, caixilhos, portas, janelas, etc. Além disso, outra característica básica da atividade industrial nesse período foi a de se estabelecer em setores que exigissem pouca maquinaria, em que a produção dependesse, sobretudo, da utilização intensiva da mão-de-obra.

O segundo tipo de mercado a que se destinou essa nascente indústria foi o da produção de vários artigos utilizados nos latifúndios cafeeiros. O exemplo mais relevante deste caso foi o das serrarias. A maior delas, a Santa Rosa, fundada por um imigrante português, era, por volta de 1915, um dos maiores, se não o maior estabelecimento industrial de São Carlos. Além de fornecer madeiras aparelhadas para quaisquer construções nas fazendas ou na cidade, a serraria abastecia ainda as companhias ferroviárias com dormentes por ela fabricados. As serrarias desenvolveram-se e um numeroso elenco de pequenas oficinas desdobram-se a partir delas, produzindo cabos para variadas ferramentas, dormentes, aros de peneira, cestos e jacás diversos. As atividades de fundição e de forjaria em pequena escala são demandadas para o reparo dessas ferramentas, de alguns implementos agrícolas, dos veículos à tração animal então utilizados e das próprias máquinas de benefício do café. O sintoma inequívoco dessa íntima relação entre a indústria e a agricultura é a existência, em São Carlos, de duas fábricas produtoras de peneiras, rastelos, pregos, arames, grades e telas: Antonio Narvaes e Cia., de 1898, e Indústrias Giometti. Esta última, fundada em 1914, ainda está em atividade hoje, quase cem anos depois.

Em 1911, surgiu a Fábrica de Tecidos Magdalena, cujos paredões ainda resistem na Rua José Bonifácio. Os seus portões de entrada ficavam na rua Aquidaban, junto aos trilhos da estrada de ferro, para a qual tinha acesso direto, por um desvio. A Magdalena teve os seus tempos áureos de alta produção para os grandes centros e dava trabalho para quase um milhar de empregados. Mantinha, próximo à fábrica, uma vila de casas para os operários mais categorizados, ainda hoje conhecida como "Beco da Madalena", que muitos, desconhecendo a origem, pensam ser o nome de alguma mulher famosa. Em 1916, a Magdalena entrou em crise e foi sucedida por outra empresa, que lhe absorveu o acervo, a Companhia Fiação e Tecidos São Carlos, que trouxe capitais de fora do município e expandiu as atividades. Lembrada até hoje como "Tecidão", a empresa se manteria em atividade por mais de cinqüenta anos.

A atração de capitais de fora, foi, aliás, uma característica da industrialização de São Carlos. Pode-se afirmar que a cidade se industrializou devido a sua importância no contexto

O automóvel ocupa espaços. O antigo Theatro Polytheama foi adaptado para abrigar uma agência Chevrolet. Lá foram recebidos e homenageados o comandante João Ribeiro de Barros e o capitão Newton Braga que, em 1927, a bordo do hidroavião Jahu, haviam realizado a travessia do Atlântico.

AGENCIA CHEVROLET
DE
SÃO CARLOS
OFFICINA
SECÇÃO PEÇAS

regional. Durante as primeiras décadas do século XX, sendo um dos núcleos urbanos mais desenvolvidos do interior paulista, São Carlos foi capaz de atrair não apenas mão-de-obra, mas empresas já estabelecidas em outros núcleos urbanos. Em outros casos, capitais externos afluíram para serem localmente investidos.

O trabalho infantil (masculino e feminino) era constitutivo das atividades industriais em seus primórdios. Grupo de operários empregados em oficina metalúrgica (acima). *Na página ao lado*, a fábrica de doces (superior direita) de Guilherme Barne, localizada à rua Aquidaban e as alfaiatarias Galucci (superior à esquerda) e Ville de Londres (embaixo), a primeira localizada à rua general Osório (entre Aquidaban e Riachuelo) e a segunda na esquina das ruas Bento Carlos e 9 de julho. Na foto central à direita, uma fábrica de guarda-chuvas, sombrinhas e chapéus de sol.

A Companhia Paulista de Eletricidade (CPE), por exemplo, que para cá veio em 1907, – e como sucessora da Companhia de Luz Eléctrica de São Carlos proveu a cidade de energia elétrica durante a maior parte do século XX –, pertencia a Antonio Cândido de Camargo, médico na Capital, a Cirano Kehl e a Silvério Ignarra Sobrinho, farmacêuticos em Limeira. Além de ser responsável pelo abastecimento de energia elétrica, em 1914 instalou o serviço de bondes elétricos em São Carlos.

Exemplo expressivo dessa importação de capitais foi o da fábrica de lápis. Já havia na cidade desde 1926, uma pequena indústria de lápis, a H. Fehr, fundada por Germano (Hermann) Fehr, um imigrante de origem suíça que esteve associado a inúmeras iniciativas industriais e comerciais na cidade. Em 1930, a nascente empresa de lápis foi absorvida pela poderosa indústria alemã Johann Faber, que também comprou e transferiu para cá a O. Maia e Cia., de Campinas. Instalou-se em São Carlos a primeira multinacional, integrando-se definitivamente na economia local, com a transferência para a cidade da produção destinada a toda a América do Sul. A ampliação das atividades tornou-a uma das mais poderosas indústrias são-carlenses. No mesmo ano de sua instalação, a Johann Faber concorreu à Exposição Internacional de Sevilha e os produtos fabricados em São Carlos obtiveram medalha de ouro. A partir de 1939, a matéria prima, necessária à fabricação do lápis, deixou de ser importada e passou a ser produzida totalmente no Brasil, em São Carlos e no Paraná.

As serrarias, as fábricas de adubo, de pregos e de tecelagem, e a indústria de lápis compuseram o quinteto básico da produção industrial local até, pelo menos, meados da década de 1940. São as mais importantes – notáveis pela persistência ao fio de várias décadas, em que períodos de prosperidade alternaram-se aos de crise.

OFFICINA
CHAPEOS
DE SOL

9 - Trecho da Rua Bento Carlos - S. Carlos
ALFAIATARIA VILLE DE LONDRES

GRANDE FABRICA
De Colla, Sebo, Adubos Chimicos e Sabão
DE
"SANTA LUCIA"
SÃO CARLOS
Facchina & Giometti
Est. de S. Paulo
PRODUCÇÃO DIARIA DESTA FABRICA:
Colla para fabricantes de tecidos, phosphoros, chapéus, marceneiros e carpinteiros 500 kilos–Sebo 500 kilos–Adubos 3.000 kilos–S

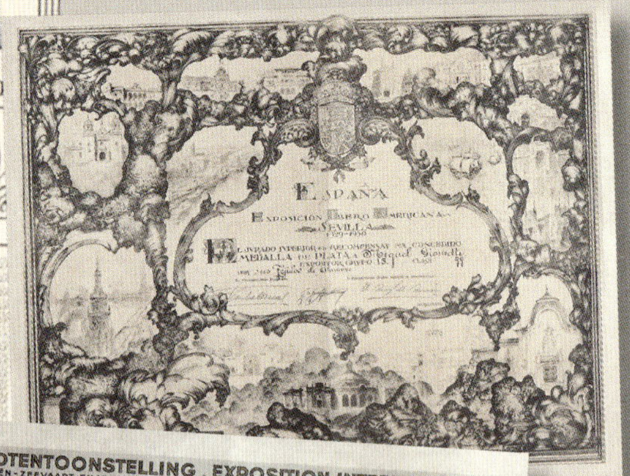

WERELDTENTOONSTELLING
VOOR KOLONIËN-ZEEVAART EN VLAAMSCHE KUNST
ANTWERPEN
1930
EXPOSITION INTERNATIONALE
COLONIALE - MARITIME ET D'ART FLAMAND
ANVERS
DIPLOME DE MÉDAILLE D'ARGENT

Indústria em tempos de crise e de guerra

O abalo sofrido pela economia cafeeira, no início dos anos 30, fez surgir novo padrão de acumulação industrial e São Paulo, a capital do Estado, desde logo tomou para si o papel de centro decisório e condutor desse processo.

Entretanto, também o interior do Estado acabou por se modificar profundamente. Ainda que a industrialização promovida daí por diante sempre se encontrasse fortemente polarizada pela Capital do Estado, as condições geradas pela economia cafeeira na fase anterior garantiriam a extensão ao Interior paulista da acumulação industrial que era então inaugurada. Desenvolveram-se alguns núcleos urbanos nos quais a cultura do café tinha anteriormente deitado suas raízes, formando-se o que se convencionou denominar "cidades médias paulistas".

Dentre a massa de imigrantes chegada a São Carlos, alguns iniciaram as primeiras atividades industriais no município. *Na página ao lado*, a fábrica de adubos e colas fundada pelos italianos Carlo Facchina, cuja família era proveniente de Treviso, e Michelle Giometti, toscano. Mais tarde separados, Giometti dedicou-se a sua fábrica de peneiras, arames, pregos e telas, ainda hoje existente. No início da década de 1930, alguns de seus produtos foram premiados em exposições internacionais, como as de Antuérpia e Sevilha. Outro exemplo (abaixo) de empresa criada por um imigrante: a fábrica de lápis H. Fehr, fundada em 1926 pelo imigrante suíço Germano Fehr e depois incorporada à Faber Castell.

As transformações sofridas por tais cidades variaram decerto no tempo e no vigor com que ocorreram. Em São Carlos, algumas atividades industriais ganharam forte expressão, ainda que a substituição dos cafezais por outras culturas mais rentáveis (cujos frutos depois servissem de matéria-prima para as agroindústrias) fosse mais problemática que em outras regiões.

Para quem tem os olhos sobre São Carlos, Araraquara é, sem dúvida, o melhor parâmetro de comparação, seja pelo porte semelhante das duas cidades, seja pela pequena distância que as separa. Araraquara, apoiada em sua base agrícola diferenciada, persistiu no desenvolvimento da indústria de produtos alimentares até pelo menos muito recentemente. É claro que essa indústria, ao expandir-se e se concentrar, teve de se modernizar. Porém, a agroindústria e, dentro dela, o ramo alimentar sempre detiveram a hegemonia naquele município.

Em São Carlos, os efeitos de desestruturação da economia cafeeira sobre a atividade industrial da cidade tiveram dupla face.

Por um lado, é inegável que aquela grande quantidade de pequenos negócios dependentes diretamente do bom andamento das fazendas de café sofreram ao ver desorganizadas, após a crise de 1929, as condições criadas pela economia cafeeira. São fartos os relatos de grandes armazéns e de lojas de secos e molhados que fecharam suas portas quando a crise se propagou. Além desse, um outro fator deve ter atuado no mesmo sentido. Considerando o Estado de São Paulo no seu todo, as empresas que detinham certo porte e que reuniam condições para algum crescimento se fortaleceram, ampliando a colocação de seus produtos

Privilegiado por abrigar cursos d'água de duas bacias hidrográficas – do Rio Tietê e do Rio Mogi Guaçu –, o município recebia referências de que seus rios eram bastante piscosos, onde se encontravam dourados, piracanjubas, curimbatás etc. Em 1929, realizou-se um concurso de pesca, reputado como o primeiro do Brasil. À direita, de terno claro e segurando o chapéu, Carlos de Camargo Salles, filho do cel. Salles, que pouco à frente, em 1937, seria nomeado prefeito, sucedendo seu irmão Elias Salles, assassinado por questões pessoais quando exercia o cargo.

pesca
il, em São Carlos, aos 14/4/929.

em novos mercados do interior paulista e de outros Estados. É claro que de todo esse processo usufruiu sobremaneira o parque industrial da Capital paulista, que sempre foi o mais diferenciado e complexo. Em virtude da atuação mais desenvolta das grandes indústrias localizadas na Capital, uma porção razoável de pequenas empresas locais defrontou-se com um problema até então praticamente inexistente, o da concorrência de outras empresas maiores.

Além da indústria, o comércio se desenvolveu como resultado do crescimento da população urbana.
A Casa Rizzini (acima), estabelecimento gráfico localizado na esquina das ruas general Osório e Episcopal, de propriedade de Pedro Rizzini (à frente, na foto). Ao mesmo tempo, os armazéns de secos e molhados, como o de Francesco Giudicisse, nascido em Pallagorio (Catanzaro), localizado à rua 13 de Maio (fotos na *página ao lado*), constituíam a principal fonte de abastecimento alimentar da população.

A desestruturação da economia cafeeira, que arrastou consigo algumas atividades estreitamente vinculadas ao café, e a competição exercida, sobretudo, pela indústria da Capital, que começou a conquistar novos mercados regionais, foram, pois, as causas fundamentais de um certo retrocesso no desenvolvimento das empresas industriais locais na década de 1930.

Nem tudo foram perdas, entretanto. Se o colapso das importações que se segue à crise de 1929 demorou a ser superado, a renda interna nacional, no entanto, voltou logo a crescer ultrapassando, quatro anos depois, o nível atingido em 1929. Os estabelecimentos mais importantes – pelo menos aqueles que empregavam um mínimo de dez pessoas – não tiveram de cerrar suas portas em função de apuros advindos de uma concorrência mais intensa. Pelo contrário, o novo período parece tê-los fortalecido, a ponto de, no limiar dos anos 40, encontrarem-se em condição muito melhor do que antes da crise. Nesse processo, tiveram melhores condições de sobrevivência empresas já detentoras de certo porte, não-dependentes exclusivamente da demanda local, que já haviam se estruturado no atendimento de mercados mais amplos.

Também se beneficiaram aquelas empresas que, mesmo sendo de menor porte, pertenciam a um ramo de negócios reconhecidamente desenvolvido pela cidade. Dois são os exemplos mais enfáticos a esse respeito: as pequenas firmas componentes da indústria de movelaria e aquelas de confecção de ternos.

As primeiras fábricas de móveis surgiram em São Carlos por iniciativa de imigrantes interessados em atender basicamente o consumo local. Aos poucos, porém, apoiadas pela oferta de matéria-prima das serrarias, essas empresas foram formando operários especializados que, por sua vez, logravam fundar suas próprias firmas, a ponto de São Carlos tornar-se um centro moveleiro de reconhecida importância no cenário paulista. O único centro capaz de competir no ramo era a própria Capital. Em 1945, a indústria de móveis era ainda fortemente representada no cenário industrial da cidade por 22 pequenas empresas, que respondiam por cerca de 10% do operariado local. Durante a década de 1950, entretanto, à medida que os centros fornecedores de matéria-prima foram se distanciando, o ramo acabou por involuir.

HOTEL HE
HOTEL HEN
HOT

Além das alfaiatarias que afamaram São Carlos, dois outros exemplos da indústria do vestuário: a Sapataria Gallucci (acima), localizada na rua general Osório e a Loja do Povo, *na página ao lado*, localizada na mesma rua (esquina com a rua Riachuelo), de propriedade dos Olaios, imigrantes portugueses originários de Coimbra.

Outro caso que merece ser destacado é a proliferação das alfaiatarias na cidade, quase todas pertencentes a imigrantes italianos. Esse tradicional ramo são-carlense chegou a contar com 60 alfaiatarias, quase todas elas manufatoras de ternos para homens. Essas casas ficaram muito conhecidas por confeccionarem os uniformes de trabalho distribuídos para as cooperativas espalhadas pela Companhia Paulista de Estradas de Ferro. Tão intensa foi esta atividade que aqui nasceu entidade classista ligada ao setor, a Associação Beneficente dos Alfaiates de São Carlos, fundada em 23 de setembro de 1939, que existe até hoje, transmudada em clube social.

Em paralelo, não se pode omitir que a década de 1930 gestou algumas iniciativas que depois, nos anos 1940, floresceriam plenamente. Inicialmente, algumas atividades que poderíamos chamar de "indústrias da crise". Já nos referimos à constituição de uma bacia leiteira importante na região, reforçada pela criação de uma cooperativa de produtores que data de 1937. Também as atividades industriais aproveitadoras da cultura do algodão prosperaram pelo mesmo motivo. A iniciativa mais importante nesse setor foi a instalação, em 1937, da Fiação e Tecelagem Germano Fehr, empregadora de quase 400 operários. É notável, aliás, a partir da segunda metade da década de 1930, a recuperação de todo o setor têxtil paulista, que vinha de longa crise.

A fase seguinte dessa pequena história de indústria em São Carlos apresenta-se totalmente condicionada pelos efeitos da Segunda Grande Guerra (1939-1945). Agora sim, o período foi marcado por um inequívoco avanço das atividades industriais, que puderam aumentar espetacularmente sua produção, exaurindo o equipamento disponível, trabalhando em turnos corridos e também diversificando sua produção.

É o caso, por exemplo, da Companhia Fiação e Tecidos São Carlos. Além de aumentar sua produção para o mercado interno, passou a exportar fios e tecidos para quase toda a América Latina.

Entretanto, não há dúvida de que o impulso à industrialização local desse período foi ocasionado, sobretudo, pela implantação de uma série de novos estabelecimentos industriais. A começar pelo próprio ramo têxtil. Em 1941 entrou em atividade a Indústria de Meias Sallum Ltda., que logo passou a exportar seus produtos até para o mercado internacional. Em 1943 foi fundada a Irmãos Remailli e Cia., produzindo toalhas de banho e rosto. A Tecelagem São Carlos S. A. foi instalada em 1946, por Miguel Abdelnur, para produzir toalhas e tecidos felpudos, destinados à exportação, principalmente para a Argentina.

LOJA DO POVO
CAMISARIA
BRINS
RISCADOS
LOJA DO POVO

LOJA DO POVO PREÇO

LOJA DO POVO PREÇO

Impulsionada pela riqueza do café e pelo fácil acesso que a ferrovia propiciava, a cidade modernizou-se no início do século XX, oferecendo comodidades. O Hotel Henrique, da família Gregori, anunciava conforto aos visitantes. Na rua General Osório, as charretes são substituídas pelos automóveis (na foto inferior, tendo o Largo de São Benedito à esquerda). No centro da cidade, um rinque de patinação divertia as famílias em 1920.

Com a mesma intensidade com que floresceu no início dos anos 1940, a indústria têxtil involuiu no pós-guerra. Possuindo um maquinário totalmente obsoleto, foi facilmente eliminada do mercado mundial pela indústria têxtil dos países tecnologicamente mais avançados. No caso de São Carlos, o pós-guerra significou para a Companhia Fiação e Tecidos São Carlos, a maior do ramo, o início de uma longa e contínua decadência. Em 1957, sua seção de tecelagem foi desativada por contar com teares de quase 40 anos, ineficientes e incapazes de elevar a produtividade a níveis competitivos. Todas as suas outras seções foram aos poucos desmontadas e no início dos anos 1980 restava apenas uma pequena parcela da fiação funcionando no colossal edifício industrial ladeado pelas linhas de trem, único vestígio impassível do esplendor de seus dias.

A exceção, nesse setor, é a Tecelagem São Carlos que, sessenta anos depois da fundação, hoje conhecida como Toalhas São Carlos, é uma das principais indústrias de toalhas do País.

Os efeitos do pós-guerra foram em parte compensados pela implantação de duas outras empresas que merecem ser mencionadas. Em 1951, foi instalada a fábrica de Tapetes São Carlos, um próspero reforço em meio ao combalido setor têxtil local. No mesmo ano, a empresa Conservas Alimentícias Hero passou a representar, abstraindo-se a Cooperativa de Laticínios já citada, a única empresa local de porte razoável processadora de produtos agrícolas. As duas empresas aproveitaram-se de vínculos importantes de seus fundadores – alemães e suíços, respectivamente – com o Exterior para importar tecnologia. Ao se implantarem, usufruíram ainda das condições favorabilíssimas para importação de equipamentos que vigoraram entre 1950 e 1952. O período foi marcado por um aumento significativo dos preços dos produtos nacionais de exportação provocado pela Guerra da Coréia (1950/1953), capacitando a balança comercial a realizar maiores importações.

Enfim, data de 1945 a instalação em São Carlos das Indústrias Pereira Lopes, talvez o mais claro exemplo de empresa local que usufruiu com enorme sucesso do período de substituição de importações, de que, dada sua importância, falar-se-á mais adiante.

O coronel José Augusto de Oliveira Salles e o prefeito (1925–1928) Joaquim Evangelista de Toledo.

Política local

Em 1920, o recenseamento realizado pelo governo federal registrou uma população de 54.225 habitantes em São Carlos.

No ano seguinte, a cidade receberia o presidente da República Epitácio Pessoa, chegado por trem, em visita de algumas horas à cidade. Em meados desse mesmo ano, faleceria um dos grandes chefes políticos locais, o cel. José Augusto de Oliveira Salles, conhecido como Nhonhô de Salles, cuja influência na política local, a partir do início do século XX, foi muito grande. Seis anos antes, em 1915, já havia falecido outro líder político de muito prestígio, o Major José Ignácio. A cidade adentrava os anos vinte desprovida de duas lideranças importantes.

Alguns dias após a eclosão da revolução de 1924, em São Paulo, São Carlos recebeu vários contingentes de foragidos da capital, muitos deles abrigados na Sociedade São Vicente de Paula e no Clube Comercial. Após a derrota dos revoltosos, tropas legalistas empastelaram o vespertino A Justiça, dirigido por Orlando Damiano, que havia aderido à revolução. Foi nesse mesmo ano que o general Pietro Badoglio, então opositor a Mussolini e embaixador no Brasil, e que depois comandaria os exércitos da Itália fascista na segunda guerra mundial, visitou São Carlos, onde foi recebido em almoço pelo prefeito Teixeira de Barros, em sua Fazenda Santa Rufina e depois na sede da Sociedade Dante Alighieri.

No campo político, a Revolução de 30 marca o início de alterações significativas. Em São Carlos, no mês de outubro, a notícia da deposição de Washington Luis foi saudada com entusiasmo, na praça Coronel Salles, por grande manifestação cívica, na qual se alternaram oradores. Em seguida, populares empastelaram a redação e oficina do jornal *A Tarde*, de propriedade de Francisco Fiorentino, conhecido como Chico da Tarde, a exemplo do que já ocorrera seis anos antes com *A Justiça*. Alguns dias depois do ocorrido, o prefeito municipal Paulino Botelho de Abreu Sampaio transmitiu o cargo a uma Junta Governativa, cujo líder, Ananias Evangelista de Toledo, seria confirmado como prefeito em dezembro.

Revolução de 1932

São Carlos na Guerra dos Paulistas

A Guerra Paulista, assim a chamou o historiador Hélio Silva no título de seu livro sobre a Revolução Constitucionalista de 1932. E foi mesmo uma guerra dos paulistas, que se viram praticamente sós no combate ao governo de Getúlio Vargas, que a Revolução de 1930 instalara no Catete. Foram três meses de combates sangrentos, com a intensa mobilização de voluntários, a transformação do parque industrial paulista em indústria bélica e a forte reação do governo central. Não existem estatísticas precisas, mas é certo que os mortos foram perto de mil, a maior parte entre os paulistas.

Causas e conseqüências escapam à análise deste livro. O que aqui importa é que, sendo dos paulistas a guerra, São Carlos, à época ainda uma das principais cidades do Estado, teria necessariamente um papel de destaque.

Desde os acontecimentos de 23 de Maio em São Paulo, quando Miragaia, Martins, Dráusio e Camargo foram mortos na Praça da República, gerando o Movimento MMDC, já se sabia que a tensão instalada desaguaria inevitavelmente em um movimento armado. Em junho daquele ano, o prefeito Antonio Militão de Lima foi informado da existência de manobras do governo central para depor o governo do Estado, chefiado por Pedro de Toledo. Aos emissários que o informaram de que haveria reação, o prefeito de São Carlos prestou solidariedade ao governo estadual, afirmando que o prestigiaria em qualquer atitude tomada em sua defesa.

Não causou surpresa que, eclodida a rebelião em 9 de julho, um sábado, já na manhã do domingo, dia 10, o prefeito Militão de Lima reunisse no prédio da Prefeitura – onde, a partir de então, seriam centralizadas todas as ações – os principais líderes políticos da cidade. Dessa reunião resultou, no dia 11 de julho, uma proclamação intitulada "São Paulo de pé pelo Brasil", que concitava ao alistamento e esclarecia que "acha-se aberto, de hoje em diante, um livro destinado a receber as assinaturas de todas as pessoas que desejarem formar no Exército Constitucionalista, a fim de se baterem pela reintegração da Pátria no domínio da Ordem e da Lei".[13] Era assinada pelo prefeito e pelos demais líderes, da situação e oposição (Ananias Evangelista de Toledo e Oscar Geribello, pelo Partido Democrático; Elias Augusto de Camargo Salles, pelo Partido Republicano Paulista).

Toda a população se mobilizou para a guerra, inclusive normalistas e escoteiros. A Escola Normal (abaixo) foi palco de inúmeras manifestações cívicas. De lá partiu o cortejo que atravessou a cidade acompanhando os primeiros voluntários até a estação ferroviária no dia 11 de julho.

Antes mesmo da divulgação dessa proclamação, voluntários já se mobilizavam. Na noite do dia 10, o "Grupo dos 13", liderado pelo advogado José Ferraz da Motta, promoveu reunião solene, plena de discursos, na Escola Normal. No dia seguinte, todos os integrantes do referido grupo, acompanhados de outros voluntários, partiram para São Paulo. Foi o primeiro contingente que daqui saiu, com 54 voluntários. Um cortejo formado na Escola Normal os acompanhou até a Estação Ferroviária, onde o embarque ocorreu as 14:30 horas.

Até meados de agosto, outros dez contingentes, incluindo voluntários de Santa Eudóxia e Ibaté, então distrito de São Carlos, integraram-se às forças combatentes. Em setembro, ainda foi organizado um Batalhão de Sapadores que seguiu para o front em 16 daqueles mês. A Revolução já estava em seus estertores e a cidade ainda se mobilizava.

Essa mobilização foi intensa durante os três meses de duração do movimento. Um exemplo foi o da classe médica: dos médicos locais, apenas Serafim Vieira de Almeida e João de Oliveira não se apresentaram como voluntários, em razão da idade avançada de ambos. Essa adesão maciça levou o prefeito e a Mesa Administrativa da Santa Casa a apelar para que o médico João Sabino, que já se havia incorporado, também permanecesse na cidade para atendimento da população. Os outros médicos que aqui clinicavam seguiram, todos, no segundo contingente, no dia 14 de julho.

Na Escola Normal residiu outro exemplo de mobilização. No dia 13 de julho, uma grande reunião lá realizada decidiu pela criação de duas comissões, uma encarregada de redigir notícias para a imprensa e da propaganda cívica do Movimento, outra encarregada de promover comícios populares. Pouco depois, organizou-se um núcleo de apoio à Cruz Vermelha e as normalistas voluntárias receberam treinamento de enfermagem. Em agosto, foi organizada a "Cruzada da Roupa Branca" pelas alunas da escola, com o objetivo de confeccionar roupas brancas para os soldados.

A Escola Profissional, hoje Escola Técnica Estadual Paulino Botelho, que começara a funcionar naquele ano, chegou a se preparar para a fabricação de ogivas para granadas, só não o fazendo em razão do fim da Revolução.

Para garantir a segurança da população, desguarnecida com a partida para o front do destacamento da Força Pública, foi organizado um Batalhão de Defesa Municipal que se encarregou do policiamento da cidade. Seu efetivo foi recrutado entre aqueles que, por uma razão ou outra, não puderam servir nas frentes de batalha.

Não se omitiram as igrejas. O bispo d. José Marcondes determinou que em todas as paróquias, colégios e casas religiosas fossem feitas preces públicas nos dias 22, 24, 29, 30 e 31 de julho. Mais adiante, ele se integraria à "Campanha do Ouro para o Bem de

São Paulo", designando o então padre Ruy Serra para integrar a comissão local. Em gesto de grande simbolismo, doaria à campanha a sua Cruz Peitoral, uma valiosíssima Cruz de Roma em ouro, com 5 turmalinas, 5 meias pérolas e 13 brilhantes, com peso de 200 gramas. Na Igreja Presbiteriana, grupos de moças dedicaram-se à confecção de agasalhos de diversos tipos.

Também as colônias estrangeiras – síria, japonesa, portuguesa, italiana, israelita – se mobilizaram, principalmente angariando fundos entre seus integrantes para destiná-los à Revolução.

A "Campanha do Ouro para o Bem de São Paulo" teve enorme sucesso e, em 14 de setembro, os bancos locais tinham em custódia nada menos do que 1.481 ofertas de ouro, pedrarias e outros metais preciosos.

Setembro findou e com ele a Revolução Constitucionalista. As tropas de ocupação chegaram a São Carlos no dia 1º de outubro, à tardinha. No dia seguinte, o prefeito Militão de Lima decidiu entregar o cargo ao chefe da tropa de ocupação. Nele permaneceu, no entanto, a pedido dos próprios ocupantes. Em 16 de novembro, assumiu o cargo José Maria de Souza, um gaúcho nomeado interventor pelo Governo Central.

O interventor, pelo aprumo e bem trajar, foi logo alcunhado "Zé Belo". Estranho à cidade e de comportamento arbitrário, era detestado pela população. No carnaval de 1933, seus capangas foram responsáveis por tiroteio em que morreu uma pessoa. Todos esses fatos geraram o ambiente inquieto e agitado em que surgiu *A Farpa,* um jornal clandestino distribuído de casa em casa, à noite, cujos redatores, desconhecidos por muito tempo, tinham Zé Belo e seus sequazes como alvos. O jornal não tinha, por óbvio, data certa para circular e, entre 18 de fevereiro e 15 de julho de 1933, tirou seis edições. À época, cogitaram-se diversos nomes como responsáveis pela publicação. Mas a verdade só apareceria 40 anos depois, contada por Italo Savelli em um livro de poesias, tema anos luz distante desse assunto: os responsáveis eram Aristides Pellicano, Ruy Fernandes Nunes e "outros moços de brio". Dentre estes moços, soube-se em seguida, estava o próprio Italo Savelli.

Ao todo, São Carlos ofereceu 567 voluntários para a Revolução. Quando o conflito terminou, muitos eram prisioneiros na Ilha das Flores e na Ilha Grande, no Rio de Janeiro. Quatro deles haviam perdido a vida. Alípio Benedicto, Benedicto Ferreira da Silva e Modesto Santana foram mortos em uma mesma batalha, no dia 1º de setembro, em Vila Queimada, pouco adiante de Cruzeiro. Luiz Rohrer morreu em 18 de setembro, em combate na região de Amparo.

Em 1933, os restos mortais dos quatro heróis foram trazidos para São Carlos e levados em cortejo desde a estação ferroviária até o Cemitério Nossa Senhora do Carmo. Em 1957, ano da comemoração do centenário da cidade e dos 25 anos da Revolução de 1932, os despojos foram solenemente trasladados para a Praça dos Voluntários, inumados na base do Monumento ao Soldado Paulista de 32.

Inauguração da praça dos Voluntários, em 23 de maio de 1936, *na página ao lado*, com o monumento em que estão sepultados os quatro mortos são-carlenses. Cenas dos voluntários (abaixo) em campanha. Médicos e enfermeiros (o segundo à esquerda, sentado, é Ernesto Pereira Lopes, que seria importante líder político). *A Farpa* era o jornal clandestino que fustigava o interventor Zé Belo após a derrota da Revolução. No canto inferior, o diploma conferido aos contribuintes da campanha "Ouro para o Bem de São Paulo".

A FARPA

Sobre a nudez dura da verdade o manto diafano da fantasia.

Ano I | Redação e administração: Rua da Casa N.o da porta | São Carlos, 15 de Julho de 1933 | Diretores responsaveis: NÓS | N.o 6

OS RENOVADORES DA NACIONALIDADE

Um novo pasquim de Araraquara, em seu 1.o numero, por falta de melhor assunto, criticou a campanha energica e necessaria que mantemos contra os politiqueiros depravados que envergonham nossa cidade, chamando-nos de cerebros doentios.

Sim! Tem razão! Sofremos da nevrose da angústia!

Angustia de vêr São Carlos, tão be- [illegible] dirigida por meia duzia de punguistas, charlatães, aventureiros extranhos! Augustia de vêr o sólo Paulista ainda humido do sangue nobre e moço dos que tombaram na revolução, miseravelmente pisado, conspurcado, explorado pelos falsos irmãos sedentos e esfomeados!

[illegible] nas, furtou do tiro de guerra 132 do qual era secretario, 10 fuzis tentando depois vende-los a alguns comerciantes. E' tão covarde que para não sofrer o castigo dos crimes que cometeu presta-se a assinar documentos humilhantissimos. E' indigno, nojento, simplesmente vil!

Nuncio Soares, vulgo "Bugre", é um pobre [illegible] é ladrão; do que vive ele si não trabalha ha mais de seis mezes? Não percebem os incautos sindicados que um analfabeto boçal, inimigo do trabalho não os poderá representar dignamente em coisa alguma?

Nuncio Soares é um sicário desordeiro: foi dos que mais se salientaram [illegible]

VAI QUEBARAR!...

O Anuncio Sô-Ares, anulou a primeira eleição para presidente do Sindicato, pelo fato de ter sido derrotado. Não podendo anular a segunda, na qual tambem foi derrotado, enveredou por outro caminho; não entregou a presidencia ao eleito. Mas porque? Que o diga o tesoureiro Penedo, que bem sabe a historia do "vôo" do "cobre". Não é para menos; o Anun- [illegible] usou roupa de gasimira na sua vida e, desde que foi eleito presidente do Sindicato passou a envergar ternos de 400$000. De onde saiu o "cobre"? Talvez tenha caido do céo. O tesoureiro Penedo tambem, ganhando 1$500 por hora, conseguiu mobilar finamente sua vivenda e, já está usando camisas de seda no serviço diario, quando seus colegas, ganhando o [illegible]

OURO PARA O BEM DE SÃO PAULO

O Departamento da Campanha do Ouro, organisado pela Associação Commercial de São Paulo, certifica que

o Sr. [illegible]

deu ouro para o bem de São Paulo

São Paulo Agosto de 1932

Pela Commissão de Direcção — Presidente

Pela Commissão Executiva — Presidente

O clima de efervescência política mobilizou também operários de várias indústrias locais – entre elas a Tecidão, a fábrica de lápis e a fábrica de adubos Facchina – que a 30 de dezembro saíram às ruas em passeata reivindicando uma pauta abrangente: redução da jornada diária de trabalho para oito horas, contratação de desempregados, proibição do trabalho de menores, equivalência salarial entre homens e mulheres e um aumento geral de 5% nos salários. O periódico local informou que as indústrias concordavam apenas com a diminuição da jornada de trabalho, matéria que seria regulamentada depois pelo regime varguista.

As alterações na política foram agravadas, em especial no *Estado de S. Paulo*, pela Revolução de 32, que abriu ferida profunda no relacionamento com o governo do país. Inaugurou-se o tempo dos prefeitos nomeados pelo poder central que se estendeu até o final do Estado Novo, em 1945.

A ampla crise da agricultura, cujo resultado social mais expressivo foi um considerável êxodo rural, alterando a composição rural e urbana do município a favor dessa última, minou o velho esquema de autoridade dos coronéis que dominavam o poder local, favorecendo, aos poucos, a ascensão política de outros estratos sociais não-ligados ao latifúndio cafeeiro.

O setor agrário perdeu importância, sua estrutura resulta menos concentrada por causa da crise de 1929, que arruinou economicamente muitos fazendeiros, ao mesmo tempo em que novos interlocutores políticos ganharam impulso. Entre eles, ressalta-se o fortalecimento da Associação Comercial e Industrial local, fundada em 1931, e dos sindicatos, onde passaram a militar indivíduos de origem imigrante, que haviam se fixado no meio urbano, ora como pequenos industriais e comerciantes, ora como operários e empregados.

A renovação política foi também favorecida por mudanças institucionais promovidas ao longo dos 15 anos do governo Vargas (1930-1945), empenhado em ampliar e diversificar as lideranças locais utilizando-se de medidas para recrutar e integrar setores antes afastados ou excluídos da política. A instituição do voto feminino em 1932, do voto secreto em 1934, e os novos contornos da reformulação eleitoral e partidária arejaram o cenário político local. Em 1937, o assassinato, motivado por questões pessoais, do prefeito Elias Salles poderia ter simbolicamente significado o anúncio de novos tempos. Elias era filho do coronel Salles e já havia sido prefeito durante a República Velha. No entanto, foi seu próprio irmão Carlos de Camargo Salles quem assumiu o cargo meses depois, nele permanecendo até 1941, já em plena vigência da ditadura varguista.

A crise do café e o governo de Getúlio Vargas (1930-1945) fazem surgir novos protagonistas. Comerciantes se organizam e os primeiros prefeitos eleitos pelo povo não provêem da elite agrária. *Na página ao lado*, Luizão (na foto superior discursando na solenidade de devolução do prédio da Sociedade Dante Alighieri, que fora confiscado durante a guerra) era professor da Escola Normal. Seu sucessor, Antonio Massei (com o governador Adhemar de Barros, na foto do meio, e comemorando, com o vice Carmine Botta, sua segunda eleição, em 1963) era funcionário público municipal.

"O FRANGO VIROU GALO" Isto porque durante a campanha o apelido do Vicente Bota dado pelos adversários era "Frango depenado"

O apelido de Massei era "O Mudinho"

Ainda que suspenso durante a vigência do Estado Novo (1937/1945), o novo enquadramento político seria retomado no pós-guerra. E, mesmo ao longo do período ditatorial, a centralização e modernização do Estado promovida por Vargas, acompanhada de uma grande ampliação de suas agências e autarquias e da nova estrutura sindical, inevitavelmente ecoaram nas estruturas políticas do município, definindo novos postos de poder burocrático-administrativo, novos canais de acesso e de influência na articulação de interesses agora mais variados, de modo a transformar e superar o velho esquema de autoridade local dominado por coronéis.

Tal reorganização do poder local culminou, a partir de 1945, com uma expressiva participação política de novos agentes, muitos deles descendentes de imigrantes que haviam conquistado algum prestígio exercendo profissões liberais ou cargos públicos no município, inaugurando o período conhecido como populista, que se estendeu até o regime militar instaurado em 1964.

Diante da impossibilidade de citar a totalidade desses novos agentes políticos, três exemplos ilustrarão com vigor essas novas trajetórias. O primeiro deles, Luiz Augusto de Oliveira, foi o primeiro prefeito eleito pelo voto direto, nos ventos da redemocratização do pós-guerra. Era professor da Escola Normal, cumpriu seu primeiro mandato de prefeito entre os anos de 1948 e 1951, elegeu-se deputado estadual nesse mesmo ano e novamente elegeu-se prefeito em 1955, falecendo seis meses depois de iniciado seu segundo mandato. Sua popularidade era tão grande que uma lápide no seu túmulo o consagra como "Prefeito Perpétuo de São Carlos". Seu mandato foi completado pelo vice-prefeito, o médico Alderico Vieira Perdigão.

O segundo exemplo foi o de Antonio Massei, filho de colonos italianos, que havia iniciado sua carreira profissional como funcionário da prefeitura. No decorrer de sua longa trajetória política, Massei tornou-se uma figura emblemática da política local, tendo permanecido à testa da prefeitura durante três mandatos (1952/1956, 1964/1969, 1977/1983). Num período de exatas três décadas, em nada mais nada menos que 15 anos ele foi o prefeito da cidade.

Ao lado deles, Vicente Botta foi figura expressiva da política local. Descendente de imigrantes italianos, trabalhou na alfaiataria do tio, Carmine Botta, que seria vice-prefeito mais tarde, e ajudou na fundação da Associação Beneficente dos Alfaiates de São Carlos, em 1939. Embora tenha fracassado na única tentativa de se eleger prefeito, em 1976, Botta teve uma vitoriosa carreira política. Vereador em 1948, elegeu-se deputado estadual em 1950, iniciando uma trajetória que talvez tenha sido a mais longeva do parlamento paulista, onde permaneceu até 1995. Cumpriu dez mandatos (não se elegeu apenas em 1970) e ocupou por duas vezes a presidência da Assembléia, em 1955, quando deu posse a Jânio Quadros como governador do Estado, e, em 1976, ocasião em substituiu o presidente efetivo, cujo mandato fora cassado pela ditadura militar.

Em seu conjunto, a perda de prestígio do setor agrário, a urbanização e a industrialização crescentes, a par das mudanças institucionais já mencionadas, transformaram profundamente o jogo político local, alterando os canais de mobilidade social e econômica, enfraquecendo os laços e lealdades tradicionais e estimulando a competição política. A política se transmuda e adquire foros de uma atividade autônoma, com profissionais especializados em disputar o voto do eleitor, e cujos interesses não necessariamente correspondem à expressão econômica que detêm no município, como na época dos coronéis do café.

As mudanças não passaram despercebidas à veia artística de Ambrósio dos Santos[14], músico e poeta português cuja família aqui se radicou:

Movimenta-se a luta entre os partidos,
Num inédito surto de adesões
Que fazem ressaltar os incontidos
Interesses, que dizem ... convicções.

Quantos chefes ferrenhos, que eram tidos
Como indomáveis majestosos leões,
Não vemos hoje mudos, submetidos
Ao comando de alheias direções!

Que diferença enorme do passado!
Noutras eras teria alguém pensado
Num porvir de conchavos anormais?

Oh! Chefes veneráveis, peitos largos
De Salles, de Botelhos, de Camargos,
Vão longe vossos tempos patriarcais!

Luizão gozava de enorme popularidade. Sua morte, em 14 de julho de 1956, no início de seu segundo mandato, comoveu a cidade. Um enorme cortejo acompanhou o enterro, como mostra a foto aérea.

Contudo, concomitantemente, a ligação estreita entre política e força econômica não deixou de produzir seus representantes. E disso São Carlos teve exemplo expressivo.

Publicidade das geladeiras Climax no jornal *A Gazeta*, da Capital, em 1954, e no jornal *O Alicerce*, do Centro Acadêmico Armando de Salles Oliveira (CAASO), em 1957.

Geladeiras

Da década de 1950 em diante, fica impossível minimizar a decisiva influência, econômica e política, do grupo Pereira Lopes sobre a cidade. Na medida em que se desenvolveu, o grupo verticalizou a produção da empresa matriz, criando localmente uma série de outras firmas produtoras dos componentes utilizados nas geladeiras. A mais importante delas foi, sem dúvida, a linha de compressores herméticos utilizados nas próprias geladeiras, a maior e a pioneira do País. Lã de vidro, plásticos, fundidos, equipamento elétrico, termostatos, trocadores de calor, evaporadores, condicionadores de ar, gráfica e uma frota própria de veículos transportadores são outros exemplos de artigos e serviços que passaram com o tempo a ser explorados por empresas ligadas ao próprio grupo. Enfim, no início da década de 1960, outra enorme empresa, também pioneira, foi construída pelo grupo Pereira Lopes: a CBT, Companhia Brasileira de Tratores.

A face política do grupo era Ernesto Pereira Lopes. Filho de imigrante português estabelecido como comerciante em São Paulo, Ernesto Pereira Lopes, médico formado pela Faculdade de Medicina de São Paulo, chegou a São Carlos em 1930. Montou consultório e logo assumiu a direção do Serviço de Radiologia e Eletricidade da Santa Casa local. Participou do movimento de 1932 e elegeu-se vereador em 1935 pelo Partido Constitucionalista. Com a decretação do Estado Novo em novembro de 1937, as Câmaras Municipais foram fechadas, incluindo a de São Carlos, por ele presidida desde julho.

Em 1940, Ernesto voltou à Capital, onde continuou a clinicar. No mesmo ano, associou-se a seus irmãos e um cunhado e, juntos, montaram uma pequena indústria, aproveitando a conjuntura favorável proporcionada pela eclosão da Segunda Guerra Mundial. Assim nasciam as Indústrias Pereira Lopes (IPL) na Capital.

A empresa se desenvolvia fazendo um pouco de tudo: além de motores, eram também fabricados alguns componentes para instalações elétricas, fogões elétricos e a gás. Em 1945, motivada pela necessidade de crescimento, a empresa, então com cerca de dez funcionários, mudou-se para São Carlos, aproveitando-se dos laços de Ernesto com a cidade e dos baixos custos de terrenos em sua periferia.

Politicamente, o final da guerra precipitou o final da ditadura de Vargas e a redemocratização do País, incentivando a formação de novos partidos políticos. Apoiado em seus vínculos políticos anteriores, Ernesto Pereira Lopes ajudou a organizar a UDN local, elegendo-se deputado estadual em 1947.

No ano de 1949, a IPL, que já produzia fogões elétricos, começou a produzir também refrigeradores comerciais, em uma São Carlos cada vez mais urbana. Os Pereira Lopes decidiram, então, fabricar refrigeradores domésticos. O potencial de consumo era enorme porque até então só existiam os importados, a um preço muito elevado.

Para comercializar o produto, fecharam um acordo com a Casa Isnard, de São Paulo. Em abril de 1950, as primeiras 14 geladeiras – sem marca – foram descarregadas na loja da Casa Isnard. Eram todas do mesmo modelo, todas brancas, todas de 7 pés cúbicos, não tinham frisos nem peças cromadas, que as encareceriam. Mas, no cômputo geral, funcionavam bem. E se se considerasse o preço, equivalente a menos da metade do que se pagava por uma importada, era uma enorme vitória.

Entre a população de São Carlos, o sonho de ter uma geladeira em casa foi habilmente explorado por Ernesto Pereira Lopes. A democracia, praticada pelo voto secreto e universal, era algo muito recente em nosso País. Sob o pretexto de promover um programa cívico e educativo eleitoral, Pereira Lopes promovia o sorteio de geladeiras em programas de rádio. Na semana anterior às eleições, na Praça Coronel Salles, prometia-se realizar um grande concurso de prêmios, caso ele alcançasse determinada soma de votos. Nas eleições de outubro de 1950, Ernesto Pereira Lopes conquistava o primeiro de seus cinco mandatos como deputado federal.

Os primeiros refrigeradores produzidos foram comercializados com a marca Champion, mas o nome Climax logo substituiu a marca original.

A Climax começou a abocanhar parte do mercado das importadas, e, em 1954, a marca já era a líder, produzindo 25.000 unidades, quase um quarto do total produzido no setor.

Também em 1954, a empresa anunciou a adoção de tecnologia mais avançada, a dos compressores herméticos, e assinou um contrato de licenciamento com a empresa norte-americana Tecumseh. Este passo significou um grande salto de qualidade: novos investimentos foram realizados e em pouco tempo as Indústrias Pereira Lopes produziam compressores não apenas para seus próprios produtos, como também para vender às empresas concorrentes. A fabricação de compressores passou de 55.000 unidades em 1955 para quase 180.000 em 1963 e representava uma parcela substancial do faturamento da empresa.

Em 1962, as Indústrias Pereira Lopes fabricaram e venderam mais de 100 mil geladeiras, quando o consumo total do País foi de 380 mil unidades. O mesmo modelo básico, sujeito a poucas alterações, manteve-se por quase vinte anos. Era um produto bastante popular, acessível, por ser o mais barato do mercado.

O governo JK (1956-1961) inaugurou um ciclo de condições muito propícias ao desenvolvimento industrial. A empresa entrou nos anos sessenta inaugurando novos pavilhões e se verticalizando, produzindo ela mesma tudo o que fosse possível, e dando

Duas marcas expressivas: na foto superior, os irmãos Pereira Lopes comemoram 40.000 geladeiras produzidas (da esquerda para direita, Otávio é o segundo; Mário, o quarto; Ernesto, o quinto; e José, o último). Pouco tempo depois, 100.000 geladeiras seriam produzidas em um único ano, 1962 (abaixo).

origem a outras empresas fornecedoras como a Peloplás, fabricante de máquinas, a Incoplás, de plásticos, a transportadora e outras mais.

O grupo se aventurou em outras áreas e até mesmo um jornal tradicional, o *Correio de São Carlos,* foi adquirido por Pereira Lopes com a intenção de transformá-lo num órgão regional, condizente com sua atuação política. Foi, porém, em suas mãos, que, em 1966, após 67 anos de funcionamento ininterruptos, deixou de circular esse periódico veterano que acompanhou boa parte da história do município.

O acelerado desenvolvimento da pioneira indústria de geladeiras exigiu grande aumento no número de empregados. Com o esvaziamento da zona rural e conseqüente processo de urbanização ocorrendo a todo vapor, havia grande oferta de trabalhadores disponíveis a baixo custo. Com quase nenhuma tradição reivindicativa – a maior parte deles jamais havia pisado numa fábrica – esses operários (mulheres, inclusive) sujeitavam-se a extenuantes jornadas de trabalho e ao despotismo vigente no novo ambiente fabril.

Muitas famílias de assalariados recrutados fixaram-se nas imediações da fábrica, e o bairro, cuja feição proletária antecede a instalação da empresa, remontando à época da instalação da ferrovia, tomou aos poucos maior densidade, acabando por se transformar no maior da cidade.

Aproveitando-se de incentivos governamentais, o grupo diversificou, ainda, suas atividades para uma área pioneira: a produção de tratores. Um acordo de transferência de tecnologia fechado com a Oliver norte-americana viabilizou a inauguração da CBT (Companhia Brasileira de Tratores) em 1960. Os primeiros tratores saíram em 1962, ano em que Ernesto Pereira Lopes se reelegeu deputado federal pela terceira vez. Cinco anos depois, em 1967, a CBT se desligaria do grupo, sob o comando de Mário Pereira Lopes, irmão de Ernesto.

A fábrica da CBT ficava distante, na zona rural, e os ônibus *papa-filas* transportando seus operários faziam parte do cotidiano da cidade.

O espírito criativo de Mário – que já fora responsável pela fabricação das primeiras geladeiras – e um cenário econômico favorável, com a larga concessão de incentivos governamentais, levaram a CBT a uma posição de grande importância no cenário nacional, especialmente na década de 1970. O reflexo na cidade era enorme, principalmente em razão do grande número de empregos gerados.

Além de tratores, a CBT, conduzida com mão-de-ferro pelo irrequieto Mário, produziu durante alguns anos o jipe Javali e chegou a iniciar o desenvolvimento de um pequeno avião sem tripulantes para uso militar. Suas instalações situavam-se em uma fazenda no Distrito de Água Vermelha, onde a empresa, desperdiçando recursos próprios que lhe fariam falta mais adiante, construiu um moderno aeródromo.

A partir da década de 1980, quando minguaram os incentivos oficiais, a empresa viveu longa agonia, que culminou com gigantesco processo de falência cujos efeitos ainda persistem, atingindo centenas de empregados que até hoje lutam pelos seus direitos trabalhistas.

Curiosamente, no entanto, os principais bens imóveis que integravam seu patrimônio foram ocupados por atividades econômicas diversas, hoje de grande importância para o município. Desapropriado pelo Estado, o aeródromo foi ampliado e transformado no Aeroporto de São Carlos. Duas fazendas foram vendidas em hasta pública. A fazenda São Francisco, onde estava a indústria, abriga hoje as instalações da TAM e seu Centro Tecnológico, onde é feita a manutenção dos seus próprios aviões e de outras empresas. A fazenda do Urso, onde residia Mário Pereira Lopes, foi adquirida pela Construtora Encalso e abriga o Parque Eco-Esportivo Damha, um enorme empreendimento imobiliário com diversos loteamentos residenciais, um centro hípico e um clube de golfe. Além disso, parte da área foi destinada à instalação do Parque Ecotecnológico Damha, com uma capacidade de instalação de aproximadamente 300 empresas.

Enquanto a CBT engatinhava, a Climax alcançava, em janeiro de 1969, a marca de um milhão de refrigeradores e os exportava para outros países da América Latina, África e Oriente Médio.

Como a linha de fabricação de compressores já estava se tornando obsoleta, em 1973 foi criada a Sicom (Sociedade Intercontinental de Compressores Herméticos), uma associação entre os Pereira Lopes, as norte-americanas Tecumseh e GE, a argentina Tool Research, e a Refrigeração Paraná. Esta última era uma forte empresa concorrente que, menos de uma década depois, compraria as Indústrias Pereira Lopes.

Durante muito tempo, o conjunto das empresas originárias da fábrica de refrigeradores constituiu a fração mais importante do parque industrial da cidade. Era raro alguém não ter um parente ou um amigo trabalhando em uma das empresas do grupo. A imagem de poder inevitavelmente associou-se à família e, em particular, ao dr. Ernesto, a quem se atribuía, então, o completo controle tanto da política local quanto da entrada de outras indústrias na cidade.

Embora essa idéia de controle absoluto contenha forte exagero, não é possível minimizar a importância de Ernesto Pereira Lopes como o principal ator político local durante mais de duas décadas. Ao longo da vida política, sua história entremeia a história da própria cidade. No quinto e último mandato como deputado federal atingiu o ápice de sua carreira, exercendo, no biênio 1971/1972, a presidência da Câmara dos Deputados em pleno regime militar. Nessa condição, chegou a hospedar por alguns dias, em sua fazenda aqui situada, o presidente da República de então, general Emílio Garrastazu Médici.

Na página ao lado. Economia e política. A nascente indústria automotiva faz reformular a logística e a IPL adquire uma frota de caminhões Mercedes Benz. Para publicidade, a viagem é inteiramente documentada: os caminhões ainda na fábrica (foto superior); na estrada, subindo a serra (ao meio); desfilando na Avenida São Carlos (foto inferior).

Alguns anos antes, em 1968, sua força no cenário político já se manifestara quando da definição de São Carlos como sede da primeira universidade federal do Estado de São Paulo, a Universidade Federal de São Carlos.

Na outra ponta, à sua influência e à sua proximidade com o regime militar se atribui também o fato de haver sido decretada, em 1970, a intervenção federal no Município, com o afastamento do prefeito eleito José Bento Carlos Amaral, seu adversário político, e a renúncia forçada do vice-prefeito (o ex-prefeito Alderico Vieira Perdigão) e de diversos vereadores. Eram os tempos mais duros da ditadura militar e diversos desses políticos sofreram prisões arbitrárias em quartéis militares e delegacias do DOPS (Departamento de Ordem Política e Social). Esses episódios continuam sem explicação clara até hoje – a única aventada foi a de que se tratou de mera retaliação contra adversários políticos –, principalmente porque disso não resultou nenhum processo contra os envolvidos. Foi dele também que partiu a indicação do interventor, o médico veterinário Antonio Teixeira Viana, que completou o mandato do prefeito eleito.

Conquanto jamais tenha sido derrotado nas eleições que disputou pessoalmente – elegendo-se vereador, deputado estadual e cinco vezes deputado federal –, sua força não se refletia com a mesma intensidade no âmbito da política municipal. Apoiou candidatos em todas as eleições municipais, mas foi vitorioso apenas uma vez, em 1959, quando se elegeu prefeito o professor Antonio Adolpho Lobbe. Treze anos mais tarde, em 1972, amargaria a terceira derrota consecutiva (em 1963, para Antonio Massei; em 1968, para José Bento Carlos Amaral, o prefeito afastado em 1970) de um candidato por ele apoiado: mesmo tendo o filho Francisco Pereira Lopes, médico respeitado na cidade, como candidato a vice-prefeito, seu candidato Rodolpho Partel foi derrotado por Mário Maffei, então dissidente de seu próprio grupo político.

Assustado com a possibilidade de vitória do MDB – cujo principal candidato era o sindicalista Antonio Cabeça Filho, seu inimigo visceral –, Ernesto Pereira Lopes uniu-se a seu tradicional adversário Antonio Massei, que se elegeu prefeito pela terceira vez, em 1976.

A vida política de Pereira Lopes caminhou em paralelo com a de Antonio Massei, que foi o seu principal adversário local, quase sempre vitorioso nas porfias municipais. Curiosamente, em 1976, com a carreira política já encerrada, fez parte do arco das forças conservadoras que, temerosas do avanço do MDB (Movimento Democrático Brasileiro), o partido da oposição ao regime militar, uniram-se para eleger Massei para o último de seus mandatos.

Ao final dos anos 1970, a Tecumseh norte-americana já havia adquirido o controle acionário da Sicom. Em 1982, acossado por problemas financeiros em outras empresas do grupo, Ernesto, então com 77 anos (ele faleceria em 1993, aos 88), vendeu o controle acionário do grupo à Refrigeração Paraná S.A. Poucos dias depois, o PMDB, que sucedera o MDB, venceu as eleições em São Carlos, elegendo o engenheiro João Otávio Dagnone de Melo, até hoje o único prefeito formado na USP local.

OJA BRAGANÇA
ESSO
Firestone

No ano do Centenário (1957), cenas inimagináveis na Avenida São Carlos de hoje: próximo do mercado municipal, em plena tarde (vê-se pela sombra das árvores), um cavalo descansa com rédeas soltas, à espera de seu dono; uma charrete cruza a rua general Osório; e um pedestre atravessa tranquilamente a rua, sulcada pelos trilhos do bonde, defronte a praça cel. Salles.

Impelida pela divisão da Alemanha no pós-guerra, a família Rösel trouxe sua experiência na indústria tapeceira para São Carlos, criando a Tapetes São Carlos, instalada no início da década de 50.

Uma era chegava ao fim.

Em depoimento, Ernesto registraria: "foi assim que a empresa que fundamos e vimos crescer mudou de mãos... Pelo menos num aspecto fiquei contente: a fábrica ficava nas mãos de brasileiros e não nas de uma multinacional".[15] Isso, no entanto, acabou por acontecer poucos anos após a sua morte: em 1996, a Electrolux, multinacional de capital sueco, adquiriu o controle acionário da Refripar.

A partir de 4 de março de 1998, a antiga e pioneira fábrica que produzia, há quase cinqüenta anos, geladeiras em São Carlos, passou a se chamar Electrolux do Brasil S.A. Embora ainda hoje em atividade, ironicamente a fábrica não mais produz refrigeradores.

O Grupo Pereira Lopes foi, sem dúvida, o principal motor da economia local a partir dos anos de 1950, gerando expansão industrial que até hoje, um quarto de século depois de seu fim, gera frutos. Afinal, a Tecumseh do Brasil Ltda. – a maior indústria da cidade, empregando hoje perto de 6.000 pessoas – tem sua origem na SICOM, criada em 1973 pela associação do Grupo Pereira Lopes com a Tecumseh americana e outros parceiros.

Busto de Germano Fehr, na praça dos Voluntários, e dirigentes da Lápis Johann Faber, empresa que absorveu a pioneira fábrica de lápis por ele fundada em 1926.

Mas a isso não se resumiu a atividade econômica são-carlense do período, havendo exemplos expressivos de atividade industrial inteiramente desvinculada. A pequena fábrica de lápis fundada em 1926 por Germano Fehr transformou-se, em 1930, na Lápis Johann Faber Ltda., pela associação com empresa alemã de igual nome, e cresceu de forma contínua, principalmente a partir dos anos de 1950, quando o grupo alemão, afastado da direção durante a Segunda Guerra Mundial, voltou ao controle. Transformada em sociedade anônima em 1967, a empresa adotou em 1997 a razão social A.W. Faber-Castell S.A., a mesma das demais empresas do grupo no mundo. Hoje, em São Carlos, a empresa, entre outros produtos, fabrica anualmente 1,8 bilhão de lápis convencionais, empregando aproximadamente 2.000 pessoas.

Outro exemplo é a Tapetes São Carlos, criada em 1951 por Otto Werner Rösel, que sofreu processo contínuo de desenvolvimento e hoje ocupa uma área de 100.000 metros quadrados, 70.000 deles de área construída.

No final da década de 1950, outra indústria de grande porte instalou-se na cidade, o Frigorífico São Carlos do Pinhal, do grupo Fialdini. A empresa teve ascensão meteórica, chegando a empregar centenas de pessoas. Teve, no entanto, curta duração e seu desaparecimento, em 1968, no bojo de um rumoroso processo de falência, deixou seqüelas sociais e políticas. Seus empregados – 461 à época – viram-se na rua de hora para outra, com vários meses de salários atrasados, gerando comoção e solidariedade. Em agosto de 1968, em plena ditadura militar, uma manifestação dos desempregados, organizada e apoiada pelo Sindicatos dos Metalúrgicos, foi dissolvida com violência pela Polícia, com a prisão de diversos sindicalistas, entre eles Antonio Cabeça Filho, presidente do sindicato. Dias depois, ante o anúncio de uma passeata de protesto que seria realizada pelos estudantes da Escola de Engenharia de São Carlos, organizados no Centro Acadêmico Armando de Salles Oliveira (CAASO) – que vivia os momentos de intensa atividade do movimento estudantil de 1968 –, a cidade foi ocupada por enorme força policial deslocada de outros locais. As entradas da cidade foram bloqueadas e a praça Coronel Salles, tradicional por acolher manifestações políticas, foi isolada por policiais militares que impediam a circulação de pessoas. O fato teve repercussão nacional, a ponto de o jornal *Última Hora*, da Capital, estampar a manchete "A cidade do medo", ilustrada por foto que mostrava soldados e fuzis.

Entre o pós-guerra e os anos de 1990, um balanço do processo de industrialização local, capitaneado pelo setor metal-mecânico, mostra que São Carlos logrou constituir um parque industrial expressivo e *sui generis*. Expressivo porque dinâmico, diversificado e de monta incomum entre outras cidades da região, cujas indústrias normalmente se desenvolveram processando insumos agrícolas. E *sui generis* porque o processo de industrialização teve a característica de assentar-se inicialmente, salvo uma ou outra exceção, sobre capitais locais. De fato, o município pouco se beneficiou, até a implantação da fábrica de motores da Volkswagen em 1996, dos processos de transbordamento e relocação da indústria paulistana que, a partir dos anos de 1970, dinamizaram as regiões de Campinas, do Vale do Paraíba e de Sorocaba, mais próximas à capital. Trata-se, portanto, de um processo industrial singular e – por que não dizer? - relativamente ousado.

Além do início de uma nova onda de industrialização, a década de 1950 abriga outro acontecimento importante – talvez o mais importante de todos – para a cidade. Em 1953, começou a funcionar a Escola de Engenharia de São Carlos, da Universidade de São Paulo. Fruto do trabalho de um político visionário, o deputado Miguel Petrilli, a instalação dessa escola superior – embrião de uma quase universidade que os institutos da USP, abrigados em dois enormes campi, representam – influiu decisivamente no destino da cidade, traçando as linhas de uma vocação que já dura décadas e certamente se estenderá por muitas outras mais: a do ensino, da pesquisa e da geração de tecnologia.

Essa é a história que vai ser contada a seguir, desde o seu começo.

A CIDADE DO MEDO

Em 1968, em plena ditadura militar, para reprimir manifestações dos desempregados, dos operários metalúrgicos e dos estudantes da Escola de Engenharia, a cidade foi ocupada por milhares de soldados da Polícia Militar. O fato teve repercussão nacional, sendo noticiado nos principais jornais do País.

Entrada da fábrica da Faber Castell hoje
e em tempos antigos (foto ao lado) e vista aérea
do Trevo Norte (abaixo) da Rodovia Washington Luís
e das instalações do Frigorífico São Carlos do Pinhal,
situado onde hoje está o Hospital Escola.
A falência do frigorífico, em 1967,
produziu danos sociais que perduraram anos.

A cidade do conhecimento

Capítulo IV

Capital da Tecnologia é apodo que não espanta quando se trata de São Carlos, orgulhosa de ostentar o maior índice de doutores per capita do País. Uma universidade federal (UFSCar), dois campi da maior universidade pública do País (USP), um centro universitário privado (Unicep) e um conjunto de faculdades integradas (Fadisc), também privado, geram um contingente de estudantes que representa parte significativa da população total da cidade.

Isso não se fez de uma hora para outra. Desde os primeiros dias, cuidaram os responsáveis pela vida do povoado de dotá-lo de escolas. São Carlos ainda era apenas Distrito de Paz e já aqui surgia a primeira cadeira de ensino de primeiras letras para o sexo masculino criada em março de 1858. Pouco tempo mais tarde, em abril de 1862, já elevada a Freguesia, foi instituída a primeira escola destinada ao sexo feminino.

O rápido desenvolvimento urbano, incentivado pela mudança de famílias importantes de Piracicaba e Araraquara (Arruda Botelho, Rodrigues Freire, Abreu Sampaio, Camargo Penteado), que construíram suas residências no entorno da capela inicial, levou à emancipação política, com a elevação à categoria de Vila em 18 de março de 1865. Instalada a Câmara Municipal, a ela incumbia administrar as escolas existentes e criar novas unidades. Era a Câmara que designava os integrantes do Conselho Municipal de Instrução, que devia apreciar os resultados finais do ensino nas escolas públicas e particulares.

As escolas, no entanto, eram precárias e funcionavam na residência dos próprios professores, que proviam todo o material escolar, com a ajuda das famílias dos alunos. Essa precariedade não espanta quando se atenta em que, até 1884, a própria Câmara Municipal – que à época enfeixava o executivo e o legislativo – funcionava em casas particulares, em salas cedidas pela figuras proeminentes da política local.

Em 1886, na visita que fez a São Carlos, D. Pedro II fez questão de visitar as escolas públicas, onde examinou alguns alunos. D. Pedro II fazia isso rotineiramente na Capital do Império. Era uma atividade com que se comprazia, a ponto de ser conhecido como o "primeiro mestre-escola do País". Aqui, ele elogiou o aproveitamento escolar dos alunos e fez doação particular para a incipiente biblioteca da cidade.

No final do Império, a cidade contava com três escolas primárias para o sexo masculino e outras três para o sexo feminino. Existiam, também, escolas particulares, com aulas de ensino elementar e secundário, como o Collegio Abreu, instalado em 1887, e o Collegio São José, fundado em 1889.

A descentralização administrativa do ensino, que impunha às províncias gerir a sua própria rede de escolas, vigorava desde 1834. A República acentuou-a, o que foi benéfico ao desenvolvimento educacional, especialmente de São Paulo, cujo surto de progresso se acelerou a partir de então.

A virada do século coincide com o aumento de número das escolas particulares como o Collegio Azevedo, que introduzia a novidade de manter uma seção de internato, transferido em 1899 de Rio Claro. Em 1902, fundou-se o Ginásio Santos, o primeiro a reunir no ensino ambos os sexos.

As colônias estrangeiras sentiam a necessidade de educar os seus filhos conservando-os ligados à tradição cultural de origem. Com essa preocupação, além da finalidade beneficente, a colônia italiana, que era a maior de todas, fundou, também em 1902, a *Società Dante Alighieri*, que manteve por muitos anos uma escola para ambos os sexos, para a qual construiu magnífico edifício na rua Uruguayana (depois, rua 9 de Julho). Esse prédio teria, mais tarde, enorme importância na história da cidade, sediando, a partir de 1953, a Escola de Engenharia de São Carlos, da Universidade de São Paulo.

Em 1907, estabeleceu-se com escola de ensino médio o jornalista Amadeu Amaral, vindo de Capivari. Polemista e poeta de horas vagas, aqui exerceu o jornalismo político no jornal dos Botelhos, ensinou crianças e preparou o caminho que o levaria à Academia Brasileira de Letras (ABL).

A partir de 1911, sucederam-se as instalações de diversas escolas particulares: o Collegio Nóbrega (1911); o Instituto Pestalozzi (1912); o Instituto D.Pedro II (1913); o Gymnasio Sancarlense (1915); o Externato Lyceu Paulista; e o Externato Ruy Barbosa, ambos de 1924.

O ensino público progredia mais lentamente. No início de 1905 havia quinze escolas isoladas mantidas pelo poder público, estadual e municipal, além de mais duas em cada um dos distritos de Ibaté e Santa Eudóxia. Freqüentavam-nas cerca de 620 alunos.

Nesse ano de 1905, fatos extremamente importantes no campo educacional aconteceriam: um deles foi o funcionamento do primeiro grupo escolar. Em 1892, já na República, uma grande reforma do ensino público estabeleceu a criação dos grupos escolares, reunindo professores e alunos em um único prédio, sob uma só direção. Empenhou-se a Câmara em obter uma unidade para São Carlos, cedendo a face leste do Largo Municipal (atual Praça Coronel Salles), ao lado do edifício do Fórum (atual Câmara Municipal), que fora inaugurado em 1900. O assentamento da

Sociedade Dante Alighieri, ao ser reformada (1921-1922) para abrigar um segundo pavimento, destinado a atividades sociais da colônia, com teatro e salão de festas.
Após a campanha de nacionalização do governo Vargas, na década de 1940, o edifício permaneceu inativo. Nos anos de 1950, o edifício sediou provisoriamente a Escola de Engenharia de São Carlos. Mais tarde, foi incorporado ao patrimônio da USP, que nele instalou o CDCC, Centro de Divulgação Cultural e Científica.

Grupo Escolar Paulino Carlos, o primeiro instalado no município. Sua construção (1901-1904) foi supervisionada pelo engenheiro e escritor Euclides da Cunha, autor de "*Os Sertões*". Entrou em funcionamento em 1905.

primeira pedra do edifício deu-se em solenidade de 2 de dezembro de 1901, onde discursou Euclides da Cunha, que aqui se achava na qualidade de engenheiro incumbido pelo governo de fiscalizar a construção. É curioso anotar que, a essa época, Euclides da Cunha tinha pronto *"Os Sertões"*, mas ainda não o publicara. As primeiras provas para revisão, ele as recebeu, no dia 26 de janeiro de 1902, quando morava em São Carlos. O livro foi lançado apenas no final desse ano, no dia 2 de dezembro. O término das obras e a inauguração deram-se em 1904. O Grupo Escolar – que recebeu o nome do Coronel Paulino Carlos, então deputado federal e líder do partido republicano – começou a funcionar em 12 de abril de 1905 e teve enorme importância para o desenvolvimento do ensino em São Carlos.

Somente quatorze anos depois, em 1919, foi criado o segundo grupo escolar, o Eugênio Franco, que se instalaria no prédio antes ocupado pela Escola Normal, junto à Estação. Em 1922, instalou-se o Grupo Escolar do Centenário, em prédio construído na avenida São Carlos, quase na saída para Descalvado (transferido, mais tarde, para a Vila Monteiro, recebeu o nome de "Professor Arlindo Bittencourt"). Depois, em 1934, vieram unidades na Vila Prado e Vila Nery, hoje denominadas Escola Estadual de Primeiro Grau Bispo Dom Gastão e Escola Estadual Professor Luiz Augusto de Oliveira, respectivamente.

Outro grande acontecimento de 1905 seria a instalação do Colégio São Carlos. Vindas da França, religiosas da Congregação Sacramentina aqui aportaram em dezembro de 1904, depois de resolvida a dúvida sobre se deveriam ir para Mococa ou vir para São Carlos. A opção por São Carlos teria sido feita por causa do clima ameno, mais adequado à ambientação das religiosas, todas européias. Acolheu-as em sua casa a irmã do Conde do Pinhal, d. Maria Jacinta de Meira Freire, conhecida como d. Nhala. Em 1º de fevereiro, num prédio situado na esquina da rua dona Alexandrina com a rua Padre Teixeira, foram abertas as matrículas do novo Colégio, que iniciou suas atividades com apenas 8 alunas, quatro internas e quatro externas. No fim do mês, porém, as alunas já eram vinte, e no final de março, trinta. Nesse prédio, ficou a escola até agosto de 1906, quando se transferiu para prédio mais amplo, o palacete do conde do Pinhal, defronte o Jardim Público. A viúva do conde, d. Ana Carolina de Oliveira, que não voltara a ocupá-lo após a morte do marido em 1901, cedeu-o a instâncias da cunhada d. Nhala. Nele, o Colégio funcionou por sete anos e assistiu ao surgimento da Escola Normal, de que se falará à frente.

Nesse período, ergueu-se o prédio próprio em área compreendida pelas ruas Padre Teixeira, 9 de Julho, São Sebastião e Episcopal. Em 29 de dezembro de 1913, foi inaugurado

Grupo Escolar Eugênio Franco, o segundo instalado no município (1919), localizado à rua José Bonifácio, além do largo da Igreja de São Benedito. Anteriormente, o edifício abrigou a Escola Normal até que, em 1916, esta fosse instalada definitivamente à avenida São Carlos.

As religiosas francesas da Congregação Sacramentina vieram para o Brasil para fundar uma escola. Optaram por São Carlos por causa do clima ameno, mais adequado à ambientação das religiosas, todas européias. Aqui aportaram em dezembro de 1904 e já no início do ano seguinte puseram o Colégio São Carlos a funcionar em prédio provisório. A construção do edifício imponente durou alguns anos e sua inauguração aconteceu no final do ano de 1913. Alunas do colégio emolduradas pela escadaria da capela (abaixo).

o belo e amplo edifício de três pavimentos, com frente de 69 metros para a rua Padre Teixeira. Era, então, o mais imponente edifício escolar da cidade. O Colégio podia abrigar quatrocentas alunas, entre internas e externas. O ensino ministrado era elogiado na época: além da formação pessoal e social da mulher, como convinha às filhas da elite agrária, as alunas aprendiam ciências, letras e línguas, como francês, inglês, alemão, italiano e latim. Passado mais de um século desde a sua instalação, o Colégio São Carlos, que foi exclusivamente feminino até 1984, continua em pleno funcionamento.

A criação da diocese e a chegada do primeiro bispo, em 1908, encontraram, como se vê, a cidade atendida por uma escola católica dirigida ao sexo feminino. O bispo d. José Marcondes logo enxergou a necessidade de um colégio masculino que, além de alunos locais, atendesse, em regime de internato, à demanda de enorme região desprovida de escolas de ensino médio, que se espraiava até o sul de Mato Grosso e Goiás, o sul de Minas e o triângulo mineiro. Lembre-se que essa preocupação tinha fundamento, já que o território abrangido pela enorme diocese estendia-se até à fronteira com aqueles Estados. Foi a repentina morte do major José Ignácio de Camargo Penteado, em 31 de dezembro de 1915, que indiretamente propiciou a solução: a Mitra Diocesana adquiriu de seus herdeiros a chácara com o imponente solar, além dos trilhos da estrada de ferro. Ali começou a funcionar, em 1923, o Ginásio Diocesano, em seguida denominado Ginásio Municipal, por imposição do Governo Federal. Eram 68 os alunos, sendo 30 internos. Em 1924, dirigiu o próprio bispo a construção do pavilhão de aulas. Em 1930, assumiu a direção o padre Ruy Serra, que foi diretor por dezoito anos, até ser eleito bispo diocesano. Mais tarde, já como Colégio Diocesano, passou à administração da Congregação dos Irmãos Lassalistas, que o dirigem até hoje, mantendo cursos de educação infantil, ensino fundamental e médio e cursos técnicos.

Edifício do Colégio São Carlos (foto superior) em sua totalidade. Nas demais fotos, a antiga sede da chácara do major José Ignácio, onde se instalou em 1923 o Ginásio Diocesano.

A Escola Normal

Na primeira metade do século XX, a mais importante conquista no campo educacional, que determinou os rumos de transformação de São Carlos no grande centro irradiador de conhecimento que é, sem dúvida foi a criação da Escola Normal Secundária. Havia no País e no Estado um grave problema, a falta de professores habilitados para o ensino elementar. Uma única escola existia para a formação de professores, a Escola Normal de São Paulo (mais tarde denominada Caetano de Campos), inaugurada em 1846. O exíguo número de formandos era absorvido pela Capital, sendo as escolas isoladas do interior providas por mestres improvisados.

Alertou-se o governo para o problema e uma lei de 1892 criou outras três escolas. Ato de 1894 determinou que uma delas funcionaria em Itapetininga, no sul do Estado. Nenhuma foi instalada, no entanto. Mesmo a de Itapetininga só seria concretizada no final de 1911, quando a de São Carlos já estava em funcionamento.

Nos albores do século XX, o governo estadual resolveu criar escolas complementares, destinadas a formar professores com habilitação para ensinar as primeiras letras, tão grande era a falta de mestres no interior. A Câmara de São Carlos movimentou-se e, em 3 de abril de 1906, aprovou indicação pleiteando a instalação de uma dessas escolas complementares.

Antes mesmo de promulgação de lei criadora da escola, como forma de tornar o fato consumado, iniciou-se a construção do prédio a ela destinado, nas proximidades da estação da estrada de ferro, à rua José Bonifácio. A 2 de abril de 1908 foi assentada a primeira pedra do edifício e, em seguida, apressada a construção, logo finalizada. Tinha na fachada o nome "Escola Complementar Conde do Pinhal", que lá ficou até 1928, embora nunca tenha funcionado como tal.

A escola, no entanto, não foi criada e o prédio permaneceu desocupado por muito tempo, enquanto as lideranças políticas locais engalfinhavam-se em forte disputa política em torno das candidaturas à Presidência da República de Ruy Barbosa, apoiado pelos *sallistas*, e Hermes da Fonseca, apoiado pelos *botelhistas*. O tema da escola complementar esteve no centro dessa campanha e o diretório local do partido governista, então dominado pelos sallistas, foi fortemente pressionado a esse respeito. Pádua Salles, senador e secretário de Estado, prometeu então não mais uma simples e desimportante Escola Complementar, mas uma notável Escola Profissional, em moderníssimos padrões. Era a saída encontrada pelos sallistas para não parecerem simplesmente realizar a iniciativa dos adversários políticos. Mas, na verdade, a Escola Profissional não correspondia à aspiração da elite política local.

Vista aérea da Escola Normal, ocupando toda a quadra entre a avenida São Carlos e as ruas São Sebastião, Dona Alexandrina e Padre Teixeira. Na esquina superior esquerda, observa-se o templo da Igreja Presbiteriana, já ampliado. Na esquina superior direita, o sobrado onde funcionou inicialmente (1905-1913) o Colégio São Carlos, abrigando mais tarde a fábrica de roupas brancas da família Aidar.

Surgiu, então, a idéia de se pleitear a instalação de uma das três Escolas Normais Secundárias, já criadas por aquela lei de 1892. Manoel de Mattos Azevedo, influente jornalista, encabeçou um abaixo-assinado popular, solicitando a medida. Embora descrentes, pois se tratava de empreitada ainda mais difícil, os líderes governistas puseram-se a trabalhar a toque de caixa, por se tratar de época eleitoral e com eleição perigando. Acabaram por conseguir que a lei orçamentária de 30 de dezembro de 1910 previsse verbas necessárias à instalação da Escola

Normal Secundária de São Carlos, mesmo inexistindo lei que a tivesse criado. Logo a seguir, em 3 de fevereiro de 1911, foi nomeado o primeiro diretor, dr. João Chrysostomo Bueno dos Reis Júnior, e os primeiros professores para a cadeiras de Aritmética e Álgebra, Português, Latim e História da Língua e Francês e Inglês. O curioso é que apenas no dia seguinte, 4 de fevereiro, o decreto 1.998 criou, afinal, a Escola. A aula inaugural deu-se a 22 de março de 1911.

A escola foi abrigada no edifício que fora construído para a escola complementar, na rua José Bonifácio. O prédio era inadequado, o que levou a que fosse logo providenciada a construção de outro. Iniciada em 1913 – a pedra fundamental foi lançada em 18 de setembro –, a construção do prédio da avenida São Carlos estendeu-se até 1916, quando a Escola Normal para lá se mudou. As instalações ocuparam todo o Largo de São Sebastião, obtido por permuta com Mitra Diocesana, que recebeu o terreno onde se encontra a Igreja de São Sebastião. Projetado pelo alemão Carlos Rosencrantz, o edifício de quase um século resiste ao tempo e ainda causa admiração. Nas suas partes nobres, o saguão clássico e o anfiteatro, com a sua galeria circular, e as salas da diretoria e da congregação, o acabamento quase todo era de material importado. O madeiramento aparente é de pinho de Riga e de madeiras nobres nacionais. Os pisos do saguão e das galerias externas são de cerâmica francesa; as soleiras de portas, de mármore italiano; os lustres do saguão e das salas nobres, de cristal Baccarat. Não se descurou, também, do seu equipamento: laboratórios de ciências, com maquinário e vidraria, vindos da Europa; museus com peças variadas de animais empalhados; sala de desenho, com exemplares em gesso das melhores obras da arte clássica, cópias dos museus europeus; biblioteca de milhares de volumes encadernados, da literatura francesa e nacional.

Nas páginas anteriores, tomadas do pátio interno e dos corredores de acesso às salas de aula, totalmente avarandados. Saguão principal e o acolhedor anfiteatro, em vistas externa e interna (abaixo).

Escolas Normais Secundárias tinham a finalidade de formar professores, não só para os grupos escolares, mas para as demais escolas de formação de professores. Até então, apenas a Capital do Estado possuía uma delas. Piracicaba, Campinas e Guaratinguetá tinham Escolas Complementares que, no mesmo ano de 1911, foram convertidas em Escolas Normais Primárias, cuja função era formar apenas professores para o magistério de primeiras letras. Também no mesmo ano, a lei no 1.341, de 16 de dezembro, transformou a Escola Complementar de Itapetininga na segunda Escola Normal Secundária do Interior.

Funcionava a Escola Normal Secundária de São Carlos como uma verdadeira precursora das Faculdades de Filosofia, status que manteve inalterado até o advento do Código de Educação do Estado de São Paulo, em 1933. A partir daí, embora conservando-se a melhor escola pública da cidade, ela começou a perder a sua importância lentamente até se transformar em uma unidade a mais do sistema escolar. Em 1939, a denominação tradicional, Escola Normal de São Carlos, foi alterada para Instituto de Educação Dr. Álvaro Guião. Foi uma das homenagens póstumas prestadas ao então secretário estadual da Educação e Saúde Pública, morto em um acidente de aviação em 14 de dezembro daquele ano. Álvaro Guião, médico, casado com uma são-carlense, era também fazendeiro em São Carlos.

A instalação da Escola Normal Secundária, ocorrida quando mal se iniciava a segunda década do século XX, há de ter produzido, na pequena cidade de então, impacto igual ou até maior do que o causado, mais de quarenta anos depois, pelo surgimento da Escola de Engenharia, embrião do campus da USP, e, mais tarde, da Universidade Federal. Não se tratava de uma escola qualquer. Era um projeto tão ambicioso que os políticos são-carlenses titubearam em pleiteá-la. Só o fizeram em razão da acirrada disputa política já referida, disputa que traria consequências tão benéficas quanto imprevistas para a cidade.

A presença constante de normalistas compôs, ao longo de décadas, uma das típicas cenas são-carlenses.

O Ensino Profissional

O fim da monocultura cafeeira e a crescente industrialização do País nas primeiras décadas do século XX iriam exigir a alteração das linhas educacionais, incentivando o ensino profissionalizante. São Carlos teve iniciativas pioneiras em relação a isso. Em 1919, uma escola de comércio foi fundada pelo professor francês Julien Fauvel, que aqui se radicou deixando larga descendência. Em 1928, os professores Júlio Bruno e Joaquim Dibo abriram outra escola, denominada d. Pedro II, instalada em prédio até hoje existente, na esquina da avenida São Carlos com a rua Marechal Deodoro.

Uma lei estadual de 1919 determinara a instalação de cinco escolas profissionais no Interior, impondo às municipalidades prover o prédio adequado à instalação e doá-lo ao Estado. Havia, aqui, um prédio inacabado, construído na Vila Nery por um grupo de médicos com o objetivo frustrado de instalar uma casa de saúde. Em 1929, um desses médicos, Serafim Vieira de Almeida, que também era político, doou suas ações à Prefeitura que, por sua vez, adquiriu as demais participações e terminou a construção.

Em fevereiro de 1930, um decreto do Presidente do Estado determinou a instalação da Escola Profissional Mista em São Carlos e previu que as atividades educacionais se iniciariam em 1931. Isso não ocorreu, sobretudo em razão da Revolução de 1930, que mudara os rumos políticos. Mas a pressão pela instalação da escola não esmoreceu. No final de 1931, o prédio já fora

modas

Desenvolvimento Agrícola

Pesquisa Agropecuária

Ao longo da história e ao lado das escolas, outras instituições têm contribuído, com geração e difusão da pesquisa científica, com a auréola de que São Carlos mais se orgulha, a de ser uma cidade do conhecimento.

Centro exclusivamente agrícola na sua origem, São Carlos, na passagem do Século XIX para o XX, era considerada a terceira mais importante região agrícola do Estado, atrás apenas de Campinas e Ribeirão Preto. Ainda que predominasse a lavoura cafeeira, datam dessa época os primeiros sinais da existência de pesquisa agropecuária.

Em 1899, os fazendeiros locais fundaram um Club da Lavoura, a ele se devendo o levantamento de uma "Estatística Agrícola do Município de São Carlos do Pinhal", contendo dados sobre o desenvolvimento da lavoura e pecuária da época. Foi também o Club da Lavoura o responsável pela implantação de um campo precursor de experiências agropecuárias, localizado nas proximidades estrada de ferro, atrás da chácara do major José Ignácio, hoje o Colégio Diocesano.

Acima e nas páginas seguintes, instalações da antiga Estação Zootécnica Pádua Salles (que ficou conhecida como Posto Zootécnico), inaugurada em 1910, na área onde hoje se situa o campus da USP.

Em 1905, Carlos José Botelho, primogênito do Conde do Pinhal e seu herdeiro político, então secretário de Agricultura, Viação e Obras Públicas do Estado, fundou o primeiro Posto Zootécnico Estadual, na Mooca, na Capital, e estabeleceu, no Interior, cinco sedes de distritos agrícolas, nas cidades-cabeças de regiões agrícolas do Estado, dentre as quais São Carlos. No mesmo ano, fez realizar aqui a 1ª Exposição Regional de Animais.

Essa seqüência de fatos está na origem do Posto Zootécnico Regional de São Carlos do Pinhal, inaugurado em 1910 – quando, pelas reviravoltas da política, o secretário de Agricultura era o irmão do Coronel Salles, Pádua Salles. Instalado no terreno hoje ocupado pelo campus pioneiro da USP, junto à Avenida Dr. Carlos Botelho, era um campo de experiência e demonstração para forragens, desde o conhecimento da sementeira e das boas espécies até a fenação e o seu valor nutritivo.

Em quase um século de existência, o Posto Zootécnico – que leva o nome de Pádua Salles, seu fundador – mudou de local e sofreu diversas transformações, perdendo a sua importância inicial. Ainda hoje existente, é, no entanto, responsável apenas pelo recolhimento de animais de grande porte soltos nas ruas e logradouros públicos do município.

Mas a pesquisa agropecuária continuou entranhada na história da cidade. A crise de 1929 e o declínio da economia cafeeira fizeram com que um importante produtor, o deputado Marcolino Lopes Barreto, fosse obrigado a entregar uma propriedade ao Banco do Estado

ESTAÇÃO
ZOOTECHNICA
Dr. PADUA SALLES

de São Paulo para pagamento de dívidas. Tratava-se de uma fazenda de café implantada no século XIX, ainda no período da escravidão. Sua "casa-grande" fora construída antes de 1880. Na metade da década de 1930, por meio de permuta com o Estado, a União assumiu a propriedade desse imóvel, destinando-o à instalação da Inspetoria Regional do Serviço de Fomento da Produção Animal.

Em novembro de 1935, o pesquisador e médico veterinário Antonio Teixeira Vianna – que muitas décadas mais tarde, em 1970, seria nomeado pelo regime militar interventor federal em São Carlos – tomou posse como Chefe da Inspetoria de Fomento Animal, com a missão de implantar uma estação experimental, iniciando os primeiros trabalhos de pesquisa. O local passou a se chamar Fazenda de Criação de São Carlos, mais conhecida como "Fazenda Canchim", nome de uma árvore da região. Em dezembro de 1948, ao imóvel foram acrescidos outros 1041,60 ha adquiridos pela União. Lá foram desenvolvidos trabalhos voltados à criação e seleção de bovinos, suínos e eqüinos. Como enfoque principal, a partir da década de 1940, a pesquisa dirigiu-se à formação de uma nova raça de bovinos de corte, por meio do cruzamento de Charolês e Zebu, que recebeu o nome da árvore e da fazenda, Canchim. Curiosamente, no entanto, o nome correto da árvore é Canxim.

Em 1974, com a criação da Embrapa, a ela se incorporou a Fazenda de Criação de São Carlos em 1975, recebendo a denominação de Unidade de Pesquisa de Âmbito Estadual (UEPAE). Em 1993, a empresa transformou a unidade em Centro de Pesquisa de Pecuária do Sudeste, ou Embrapa Pecuária Sudeste, que, contando com 125 empregados, dos quais 32 pesquisadores e 14 técnicos de nível superior, atua hoje nos mais diversos segmentos de pesquisa da produção de leite e de carne.

Em 1984, outra unidade da Embrapa foi instalada em São Carlos, a Embrapa Instrumentação Agropecuária. A história da instrumentação na agropecuária foi protagonizada por um grupo de pesquisadores que, liderados pelo cientista Sérgio Mascarenhas, propuseram-se a combinar o conhecimento de físicos, engenheiros eletrônicos, engenheiros de materiais e de outras áreas das Ciências Exatas, com o conhecimento de agrônomos e veterinários. O desafio deu certo, e a Embrapa Instrumentação Agropecuária, único centro da América Latina a trabalhar com essa linha de pesquisa, foi consolidada em 1993 com a missão de viabilizar soluções para o desenvolvimento sustentável do agronegócio, por meio de geração, adaptação e transferência de conhecimentos e tecnologias em instrumentação para o benefício da sociedade.

O centro, que começou no antigo prédio da Rádio São Carlos, na rua XV de Novembro, está distribuído em uma área de três mil metros quadrados e conta com 62 funcionários, 25 dos quais são pesquisadores.

Na foto colorida, a sede da Embrapa Agropecuária Sudeste, instalada em 1974 na fazenda Canchim, antiga propriedade do coronel Marcolino Lopes Barreto. Embora hoje desfigurada por reformas e obras de conservação, sua sede foi construída no final do século XIX.

adaptado e doado ao Estado e a escola, em boa parte, já estava equipada. Finalmente, em 4 de fevereiro de 1932 foi nomeado o primeiro diretor e, em março daquele ano, a escola começou a funcionar, com o nome de Escola Profissional Secundária Mista.

Em 1943, a escola passou a uma segunda fase de desenvolvimento em razão de transformações operadas pelo Governo Federal, que definiu o ensino industrial como um ramo do ensino médio. Mudou a denominação para Escola Industrial de São Carlos e, em 1949, para Escola Industrial Paulino Botelho. Bem mais tarde, em 1961, passou a abrigar curso colegial técnico.

As mudanças de nome e de diretriz educacional foram constantes ao longo de sua existência. Hoje é a Escola Técnica Estadual Paulino Botelho. Mas, tal como aconteceria com a Escola Normal, dela nunca se despegaria o nome de Escola Industrial. É assim que até hoje a população a ela se refere.

Além daquele ministrado na rede pública, o ensino profissional ganhou impulso no País com a criação, em 1942, do Senai (Serviço Nacional de Aprendizagem Industrial), entidade surgida para atender a uma necessidade premente: a formação de mão-de-obra para a incipiente indústria de base. Não por acaso, a vinda de uma escola Senai para São Carlos em 1951 coincide com o novo impulso de desenvolvimento do parque industrial que a cidade possuía já nessa época. Mais tarde, o Senac, entidade similar ligada ao comércio, também abriria uma unidade na cidade, propiciando o treinamento de mão-de-obra para este setor.

Matriz de cursos profissionalizantes desde a década de 1930, a Escola Industrial Paulino Botelho foi instalada em prédio construído por um grupo de médicos para abrigar uma casa de saúde. Com o abandono do projeto, a prefeitura adquiriu o imóvel – parte por doação e parte por compra – destinando-o à escola.

O Ensino Superior

A primeira escola de ensino superior instalou-se em São Carlos em janeiro de 1914. Era uma Escola de Farmácia que chegou a ter grande número de alunos. Desentendimentos com a Câmara local levaram seu fundador a transferi-la no mesmo ano para Rio Claro, onde também teve vida curta. A esse tempo, lembre-se, a cidade já contava com a Escola Normal Secundária, instalada em 1911.

A segunda tentativa deu-se em 1933 e o processo, desta vez, foi inverso: recém fundada, a Faculdade de Direito de Piracicaba transferiu-se para São Carlos. Em 13 de setembro daquele ano, realizou-se a aula solene de inauguração, com a escola instalada no palacete da rua 13 de Maio, construído pelo coronel Paulino Carlos. Chamou-se Faculdade de Direito Moraes Barros, mas foi outra experiência de curta duração.

Em 1949, Sebastião de Oliveira Rocha e Antonio Stella Moruzzi fundaram a Escola de Educação Física de São Carlos, recrutando muitos professores do Instituto de Educação Dr. Álvaro Guião (a antiga Escola Normal), do qual eram diretor e vice-diretor, respectivamente. Reconhecida pelo Ministério da Educação em 1952, a escola instalou-se em imóvel cedido pela

Prefeitura Municipal, nas proximidades do São Carlos Clube. Tempos depois, mudou-se para o Estádio Municipal do Ruy Barbosa. Mais tarde, foi integrada na Fundação Educacional de São Carlos e assim funcionou até ser absorvida, em 1994, pela Universidade Federal de São Carlos.

Trajetória semelhante teve a Escola de Biblioteconomia e Documentação. Fundada em 1959, foi incorporada à Fundação Educacional de São Carlos na década de 1970 e, em 1994, absorvida pela UFSCar.

A Fadisc (Faculdades Integradas de São Carlos) nasceu, em 1968, como Faculdade de Direito de São Carlos e assim permaneceu por várias décadas. Hoje, mantida pelo Ipesu (Instituto Paulista de Ensino Superior Unificado), oferece outras seis opções de graduação, além do curso de Direito.

Das instituições privadas, o Centro Universitário Central Paulista (Unicep) é a que tem origem mais recente, embora já conte com 35 anos de história. Foi em 1972 que os padres lassalistas decidiram destinar o edifício erguido no pátio fronteiriço ao palacete do Major José Ignácio – ocupado desde 1923 pelo Colégio Diocesano – ao ensino superior. Em setembro daquele ano, o curso de Administração de Empresas deu início às atividades do Centro de Ensino Superior de São Carlos. Foi seguido pelos cursos de Estudos Sociais em 1974 e de Ciências Contábeis em 1977. Em 1980, o Centro de Ensino Superior passou à responsabilidade da Asser (Associação de Escolas Reunidas). Hoje transformada em centro universitário, a Unicep possui dois campi e oferece 25 cursos de graduação nas áreas de Exatas, Humanas e Biológicas.

A Universidade de São Paulo

Se as instituições privadas de ensino contribuíram e contribuem para esculpir a imagem de cidade educadora, foi, no entanto, a instalação de duas universidades públicas em curto espaço de tempo, menos de 20 anos, que definiu a vocação de São Carlos para o desenvolvimento científico e tecnológico.

A primeira delas foi a Universidade de São Paulo. Seus dois campi, quatro institutos acadêmicos, centros de apoio e de extensão, e um instituto de estudos avançados expressam um gigantismo que quase permite enxergar a unidade local como uma universidade em si mesma, distinta do corpo maior espalhado pelo Estado.

Sua origem foi a Escola de Engenharia de São Carlos, cuja história remonta aos idos de 1947. Foi nesse ano que a cidade elegeu deputado um político até então obscuro, Miguel Petrilli. No mesmo ano, ele apresentou um projeto de criação de uma universidade em São Carlos. O Projeto de Lei nº 10 justificava a iniciativa afirmando que, pela posição geográfica e sua tradição de liderança cultural, além de uma rede escolar importantíssima, a cidade era a que oferecia condições ideais para sediar uma nova universidade.

USP

Na página ao lado, cenas do campus pioneiro da USP, vendo-se o portal de entrada (superior esquerda), o edifício E-1 (superior direita) e o observatório astronômico (inferior direita). Nesta página, o portal de entrada do segundo campus. O E-1 (abaixo) e os dois anfiteatros ainda em construção. O terreno vazio atrás da construção é hoje ocupado pela sede de campo do São Carlos Clube. No canto superior esquerdo da foto, é possível observar as arquibancadas do estádio do Paulista e da antiga raia do Derby Club.

A iniciativa foi recebida com sarcasmo por alguns, com hostilidade por muitos, com ceticismo e indiferença por quase todos, mesmo em São Carlos. Mas o deputado não tirara essa idéia do nada. Neófito na política, mostrou-se, na verdade, extremamente sagaz: o governador Adhemar de Barros, também eleito naquele ano, prometera, durante a campanha, a criação de uma universidade no Interior e foi dessa promessa que ele se aproveitou para o seu projeto de instalá-la em São Carlos. As resistências, previsíveis, foram fortíssimas e o deputado logo entendeu que outras cidades também desejavam a instituição e que, sozinho, não lograria aprovar o projeto. Compôs-se, então, com outras forças políticas para reformulação da proposta. Não haveria uma nova universidade e sim estabelecimentos de ensino sediados no Interior, mas vinculados à Universidade de São Paulo: Engenharia em São Carlos; Farmácia e Odontologia em Bauru; Medicina em Ribeirão Preto; Direito em Campinas; Filosofia, Ciências e Letras em Limeira.

Aprovada dessa forma, a proposta foi vetada pelo governador Adhemar de Barros, o que levou a outra luta política. Uma enorme mobilização de forças locais, certamente acrescida de movimentações semelhantes nas outras cidades envolvidas, levou à rejeição do veto e à promulgação da lei no 161, de 24 de setembro de 1948. Das unidades criadas, apenas três vingaram: além da Escola de Engenharia, a Faculdade de Medicina de Ribeirão Preto (cujas aulas se iniciaram em maio de 1952) e a de Odontologia de Bauru, só implantada mais tarde, em 1962.

A concretização da Escola de Engenharia dependia de outras providências e, para isso, em 1951, constituíram-se duas comissões. Uma, local, que, é claro, tinha entre seus integrantes o deputado Miguel Petrilli, reeleito com votação consagradora. A outra, formada por determinação do reitor da USP, contava com o professor Zeferino Vaz, que seria, a seguir, o primeiro diretor da Faculdade de Medicina de Ribeirão Preto e, anos mais tarde, reitor da *UNICAMP* por doze anos seguidos. Enquanto a da USP definia o projeto acadêmico (expresso, afinal, na lei no 1.968, de 16/12/1952), a comissão local buscava criar as condições físicas para a instalação da escola. Do prefeito Antonio Massei, empossado em 1952, obteve a cessão do terreno municipal então ocupado pelo Posto Zootécnico. A essa área inicial, de 98 mil metros quadrados, foram acrescidas outras, doadas em gestões posteriores do mesmo Antonio Massei, totalizando os 321.000m^2 hoje ocupados pelo campus pioneiro.

Para a instalação provisória, acertou-se a cessão, por dez anos, do prédio da Sociedade Dante Alighieri, a chamada "Casa d'Italia", construído em 1902. Muito anos mais tarde, em 1985, o prédio seria adquirido pela USP, passando a integrar o seu patrimônio.

A Escola de Engenharia de São Carlos realizou seus primeiros exames vestibulares no início de 1953, já sob a direção de Theodureto de Arruda Souto, professor catedrático da Escola Politécnica, que permaneceria no cargo durante quinze anos. Em 18 de abril de 1953, o governador Lucas Nogueira Garcez, engenheiro que em São Carlos fizera seus primeiros estudos, proferiu a aula inaugural.

Outras fotos da construção do E-1, o primeiro prédio construído pela USP no campus pioneiro.

O prédio da Società Dante Alighieri, já com a inscrição da Escola de Engenharia de São Carlos, no dia de sua instalação. Na foto abaixo, o governador, engenheiro Lucas Nogueira Garcez, profere a aula inaugural. Garcez tinha ligações com a cidade, pois cursara o Colégio Diocesano na juventude. Na foto, aparece o secretário da segurança do Estado, Elpídio Reali (à esquerda, com os braços cruzados), são-carlense, filhos dos imigrantes italianos Ettore Reali (de Paderno Ponchielli, Lombardia) e Giusepina Biason (de Porto Gruaro, Venezia). Luizão, então deputado estadual, está sentado atrás do governador.

Durante muitos anos, a Escola de Engenharia foi a única unidade de ensino da USP em São Carlos. De seus departamentos se originariam, a partir da década de 70, as outras unidades. O Instituto de Ciências Matemáticas de São Carlos foi criado em 1971 e, em 1998, recebeu a denominação atual de Instituto de Ciências Matemáticas e de Computação. Também em 1971, desmembraram-se os departamentos de Física e Química da EESC, gerando o Instituto de Física e Química de São Carlos. Em 12 de abril 1994, um novo desdobramento levou à criação de duas novas instituições, o Instituto de Química de São Carlos e Instituto de Física de São Carlos.

São cerca de vinte os cursos de graduação – e número semelhante de programas de pós-graduação – da USP em São Carlos, quase a metade deles em sua unidade pioneira, a Escola de Engenharia que, desde 1985, além das engenharias, oferece também o curso de Arquitetura.

Em 2002, a universidade abriu seu segundo campus na cidade, com área de 78ha, onde foram instalados diversos novos cursos, entre os quais o de Engenharia Aeronáutica. Ainda que date de 1978 a instalação do Laboratório de Aeronaves (LAE), cujo objetivo foi dar suporte à Ênfase em Aeronaves, do curso de Engenharia Mecânica, a criação do curso de Engenharia Aeronáutica tem significado especial pela importância de sua contribuição à fixação da região como pólo da indústria aeronáutica, processo iniciado com a implantação de unidade da Embraer em Gavião Peixoto e do Centro Tecnológico da TAM em São Carlos. Esse processo, de amplos horizontes, já resultou na implantação dos cursos de Tecnologia Aeronáutica, oferecido pelo Cefet-SP (Centro Federal de Educação Tecnológica) em parceria com a UFSCar, e de Manutenção em Aeronáutica, do Senai.

A Universidade Federal de São Carlos

A implantação da Universidade Federal de São Carlos foi um processo cheio de acidentes, de idas e vindas, tão tumultuado quanto a própria vida política do País na época em que ocorreu.

Sua origem guarda aspectos curiosos, a começar de que não se tratava de uma reivindicação da cidade, que se viu surpreendida com a notícia. A criação se realizou pela lei federal nº 3.835, de 13 de dezembro de 1960, sancionada no ocaso do governo JK. Uma primeira curiosidade reside em que essa lei derivou de um projeto que tratava da federalização da Universidade da Paraíba, até então o único Estado, além de São Paulo, a não contar com uma universidade federal. Originalmente, não continha nenhuma menção a uma universidade em São Carlos ou mesmo no Estado de São Paulo. Ao passar pela Comissão de Educação e Cultura da Câmara Federal, no entanto, foi acrescido de várias emendas, uma das quais criava "a Universidade

Matemática
Estatística
Prefeitura - PU
Desenv. Físico - EDF
Eng. Produção
Eng. Química

TEATRO FLORE
Teatro Florestan Fernandes

A UFSCar acolheu seus primeiros alunos em 1970, no campus instalado às margens da Rodovia Washington Luís, na área de uma antiga fazenda cafeeira. *Na página ao lado*, cenas da universidade, destacando-se entre elas o conjunto Biblioteca e Teatro Florestan Fernandes. Panorama geral do campus (abaixo), observando-se em primeiro plano os novos edifícios construídos na expansão recente da universidade. Ao fundo da foto, a mancha urbana da cidade de São Carlos.

Federal de São Paulo (UFSP), com sede na cidade de São Carlos, Estado de São Paulo". Seu autor foi o deputado paulista Lauro Monteiro da Cruz.

E quem era esse deputado? Aí reside outra curiosidade: tratava-se de um político sem nenhuma vinculação com a cidade. Médico, professor universitário e pastor presbiteriano, era natural de Santos. Deputado experiente, eleito pela primeira vez em 1949, seu partido era a UDN (União Democrática Nacional), o mesmo do deputado Pereira Lopes, líder político local de quem era amigo, o que tornava praticamente impossível que o fato lhe rendesse dividendos eleitorais. Em conferência que proferiria mais tarde na Câmara Municipal, ele diria saber que os votos da cidade continuariam a ser de Pereira Lopes. Justificou a escolha da cidade por seus próprios méritos: a posição geográfica invejável, a tradição como centro educacional e a preexistência de uma Escola de Engenharia já então reconhecida nacionalmente.

A Orquestra Experimental da UFSCar realiza um trabalho de base, no qual jovens, adultos e crianças manifestam sua cultura musical ao executar um variado repertório de músicas eruditas, Jazz, Folclore Brasileiro e MPB.

A lei, no entanto, continha aspectos polêmicos. Previa a absorção da Escola Paulista de Medicina, que era federal, e a incorporação pura e simples, sem ônus para a União, de diversas unidades estaduais. Dentre essas, estava a Escola de Engenharia de São Carlos, da USP. E foi daí que veio a primeira resistência: exatas duas semanas após a promulgação da lei, em 27 de dezembro de 1960, o Conselho Universitário da USP insurgiu-se contra a incorporação da Escola de Engenharia de São Carlos. O documento, aprovado em reunião extraordinária, criticava as medidas previstas na lei, afirmando serem "insustentáveis, representando ilegítima intervenção da União no Estado, à revelia deste e sem que qualquer norma vigente o autorize".[16] Não seria a única manifestação contrária: no dia seguinte, 28 de dezembro, o jornal *O Estado de S. Paulo* dedicaria edital ao assunto, enfatizando ser "estupidez criar novos ônus, máxime num terreno como a educação, em que São Paulo já atende razoavelmente as necessidades do Estado".[17] Essa posição, o jornal a repetiria à exaustão durante o longo processo de instalação. Em 3 de janeiro de 1961, os jornais locais publicavam manifesto do Centro Acadêmico Amando de Salles Oliveira (CAASO), já então muito atuante, expressando, em nome dos estudantes da EESC, o repúdio à incorporação, salientando ser "difícil acreditar que leis que tratam de um assunto tão sério como o ensino sejam elaboradas sem obedecer a um planejamento, sem que as partes diretamente afetadas e autorizadas tenham sido consultadas".[18]

Ao mesmo tempo, o deputado Lauro Monteiro da Cruz e lideranças políticas são-carlenses, o deputado Pereira Lopes à frente, mobilizavam-se para encontrar solução para o impasse, tentando reavivar a idéia da instalação de uma faculdade de filosofia, ciências e letras, já criada há muitos anos, e em torno dela fazer vicejar a universidade federal.

Todos, prós ou contras, foram, no entanto, surpreendidos pelo recém empossado presidente Jânio Quadros. Em 18 de fevereiro de 1961, bem ao seu estilo, em um dos "bilhetinhos" que se tornariam célebres, ele determinou ao chefe da Casa Civil a elaboração

Vista aérea da universidade, destacando-se o lago e o bosque que dividem as áreas norte e sul do campus.

de mensagem a ser enviada ao Congresso Nacional, propondo a revogação dos art. 11 e 12 da lei nº 3.835, exatamente os que criavam a universidade e definiam a incorporação de escolas. Para ele, não se justificava nem a criação da universidade nem a federalização dos institutos estaduais, de que "decorrem ônus para os quais a União não se encontra preparada". Concluía, dizendo que "o Estado de São Paulo, o seu Governo, as suas municipalidades, as suas entidades privadas têm, mais do que quaisquer outros, possibilidades de manter escolas superiores (...)".[19]

Com a renúncia de Jânio em agosto de 1961, o projeto nunca chegou a ser votado. Mas, enquanto ele tramitava, sob o olhar atento de Lauro Monteiro da Cruz e Pereira Lopes, uma crise se instalou na Escola Paulista de Medicina, única instituição federal mencionada na lei criadora, em torno da qual algumas medidas relativas à instalação da universidade haviam sido tomadas. A forte reação da Congregação daquela instituição redundou na edição, já no regime militar, da lei no 4.421, de setembro de 1964, que a transformou em estabelecimento isolado de ensino superior. A mesma lei cuidou de revogar o polêmico art. 12 da lei no 3.835, que previa a incorporação das escolas estaduais, inclusive a EESC, removendo o incômodo entrave que gerava a resistência destas últimas. Restou intocado, no entanto, o art. 11, que criava a universidade em São Carlos. Isso teria enorme importância à frente, quando a disputa pela sede da instituição se acirrou.

Mais alguns anos de idas e vindas se passariam, no entanto, até a efetiva instalação da universidade. Em 1967, o equívoco na interpretação de uma notícia levou a intensa comemoração na cidade, com alvorada festiva, passeata, buzinaço e missa solene. O que ocorrera, no entanto, fora apenas a conclusão de entendimentos entre o ministro da Educação e os representantes do governo paulista. Embora não fosse o ato final e não merecesse ainda comemoração tão estridente, era fato extremamente importante porque ficara então decidido que a universidade – a esta altura disputada por Bauru, Mogi das Cruzes, Sorocaba, Presidente Prudente, São Bernardo do Campo, Santo André, São Caetano do Sul e até mesmo pela pequenina Vera Cruz Paulista – seria mesmo sediada em São Carlos. As razões determinantes da escolha – desta vez definitiva, ver-se-ia à frente – foram, principalmente, a existência de previsão legal (a lei nº 3.835/60 estava em vigor, havendo sido apenas parcialmente revogada) e o oferecimento, pela cidade, dos prédios necessários à instalação, além de uma área de 200 alqueires para as futuras construções.

Finalmente, em 23 de maio de 1968, o general Costa e Silva, segundo presidente do regime militar, assinou o decreto nº 62.758, determinando a instalação da universidade federal em São Carlos. Estiveram presentes na solenidade, os deputados Ernesto Pereira Lopes, que antecipara a notícia à cidade, e Lauro Monteiro da Cruz, autor da emenda que a criara. Ambos, sem dúvida, os maiores defensores de sua instalação junto ao Governo Federal.

A instalação efetiva ocorreu em 1970, em terreno desapropriado e doado pela Prefeitura Municipal, então ocupada novamente por Antonio Massei, o mesmo prefeito da época da instalação da USP. A UFSCar era, então, a única universidade federal do Estado de São Paulo, condição de que usufruiu até bem pouco tempo. Estruturou-se desde logo com atividades administrativas e acadêmicas multidisciplinares, associadas a três Centros: o de Ciências Exatas e Tecnologia, o de Ciências Biológicas e da Saúde, e o de Educação e Ciências Humanas.

Conhecida como "a pequena notável" dos anos 1980, a UFSCar, ao longo de suas quase quatro décadas de existência, aliou ensino, pesquisa e extensão de qualidade a uma história de lutas e conquistas por processos democráticos e participativos de decisão e gestão, que a tornaram conhecida e reconhecida. Como decorrência, também assumiu logo uma série de atividades de apoio, interação e prestação de serviços à comunidade, traduzidos em seu lema Excelência Acadêmica e Compromisso Social. Fruto dessa concepção, em 1995 – quando o reitor era Newton Lima Neto, que alguns anos depois seria eleito prefeito da cidade – foi instalada uma Biblioteca Comunitária, concebida para atender a comunidade universitária e científica, alunos de 1° e 2° graus, a população de modo geral e grupos especiais de usuários.

Nos últimos anos, a UFSCar vem experimentando um processo de acelerada expansão. Nos anos 1990, ela já havia incorporado as unidades do Planalsucar (órgão vinculado ao antigo Instituto de Açúcar e Álcool) da cidade de Araras, para implantar seu primeiro campus fora de São Carlos. Em 2006, deu mais um passo nesse sentido com a criação de um novo campus em Sorocaba.

Hoje, a UFSCar oferece 37 cursos de graduação presenciais e cinco a distância, criados em diversas áreas do conhecimento. A pós-graduação, que recentemente comemorou 30 anos, congrega 30 cursos de mestrado e 20 de doutorado, distribuídos em seus 29 programas.

Na graduação, destaca-se a recente implantação de um curso de Medicina, que atendeu antiga demanda da comunidade local, que há muito o reivindicava. De sua implantação, decorreu a criação do Hospital-Escola Municipal Dr. Horácio Carlos Panepucci, erguido pela Prefeitura Municipal com recursos próprios e do governo federal, cujo primeiro módulo foi inaugurado em novembro de 2007, durante as comemorações do sesquicentenário da cidade.

Para atender ao desafio de crescer com qualidade, a universidade conta com um corpo de quase 700 docentes altamente qualificados (95% de doutores) e contratados quase em sua totalidade em regime de dedicação exclusiva, além de um quadro de cerca de 740 funcionários técnico-administrativos, um dos mais enxutos do sistema universitário público do País.

Maquete do Hospital Escola Municipal e o prédio do primeiro módulo (abaixo), inaugurado em 2007, durante as comemorações do Sesquicentenário.

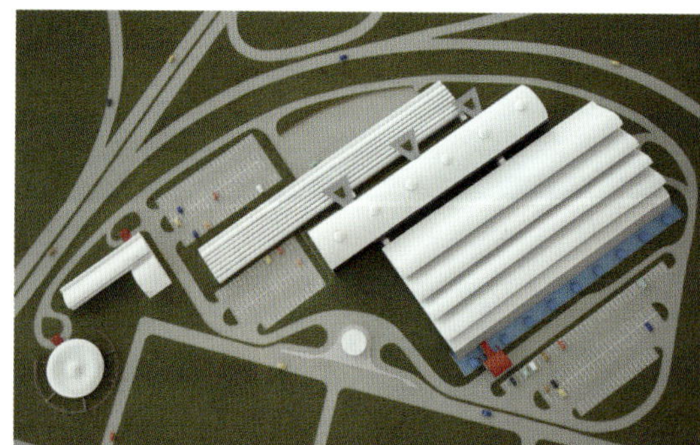

SÓ
ÔNIBUS

Seguindo a vocação

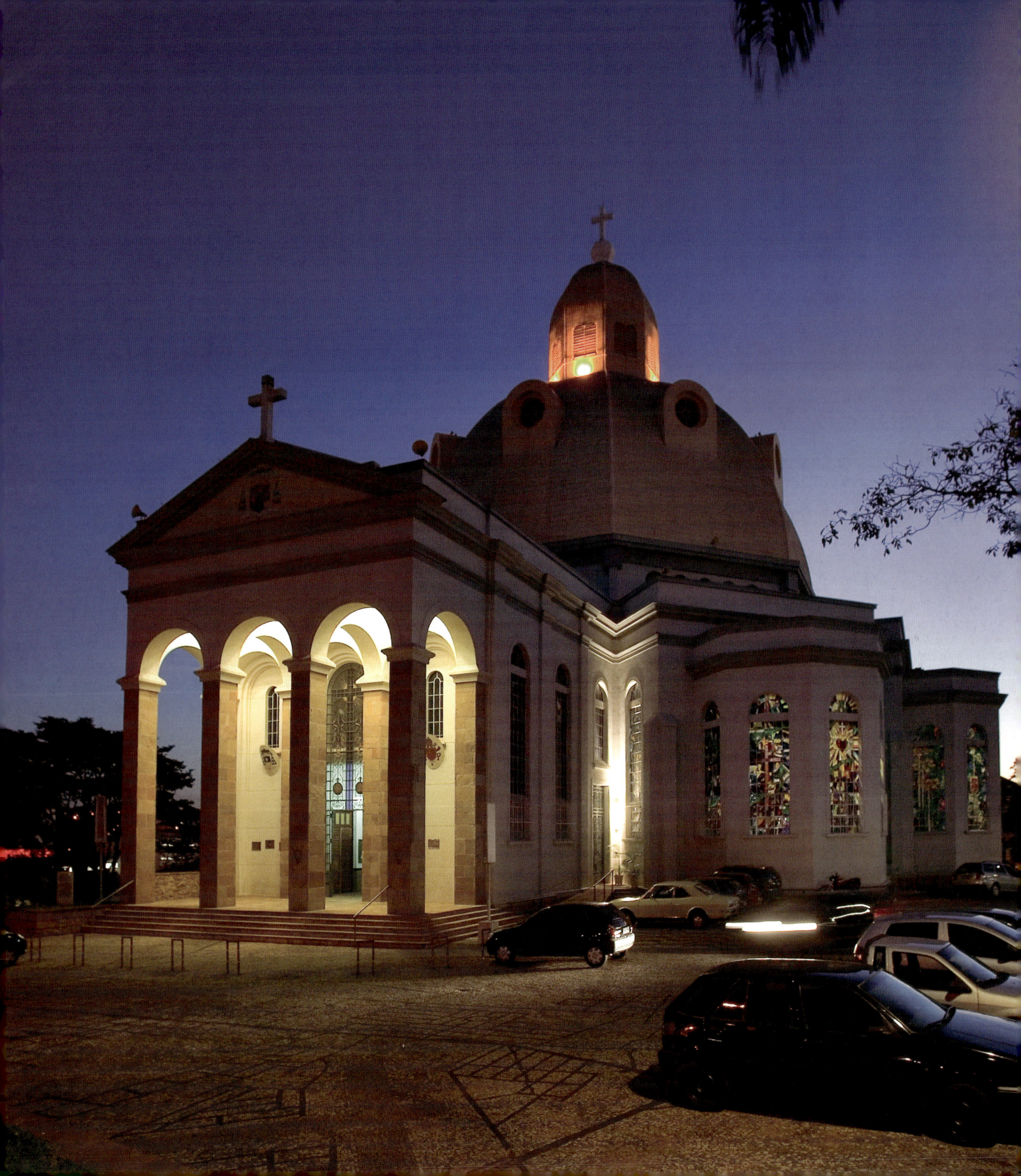

Capítulo V

As últimas décadas marcam a reafirmação, atualizada, das vocações de São Carlos. A primeira é sua antiga vocação industrial, inaugurada ainda nos primórdios do século XX com o trabalho dos imigrantes que para cá acorreram e fundaram as primeiras oficinas. O desenvolvimento de seu diversificado parque industrial tem sido contínuo. Na indústria metal-mecânica, um exemplo marcante foi a implantação da Fábrica de Motores da Volkswagen, em 1996. A fábrica, que conta hoje com 500 empregados, atingiu em 2004, apenas oito anos depois, a marca de 2 milhões de motores produzidos. Outro exemplo, este no setor de tecnologia de ponta, é o da Opto S.A. Fundada 1985 por pesquisadores e técnicos do Instituto de Física do Campus da USP em São Carlos, a empresa vive em constante ebulição na diversificação de suas áreas de atuação. Exportando para o mundo todo, a Opto tem subsidiárias nos Estados Unidos, Austrália e Áustria. Em São Carlos, possui 330 funcionários.

Outra vocação reafirmada é a de São Carlos como pólo educacional, tradição iniciada com a implantação das primeiras instituições escolares, e que hoje vem se renovando com a presença cada vez mais marcante das universidades, sobretudo as públicas, na cidade. Não há dúvida de que estas, contabilizados seus respectivos orçamentos, injetam uma quantidade de recursos muito significativa no município, além de atraírem uma população bastante diversificada, inclusive de outros Estados e do Exterior.

Na página ao lado, a catedral e sua nova iluminação. *Na página anterior* e *abaixo*, dois momentos contrastantes do Paço Municipal: o Palacete Conde do Pinhal, do século XIX, e o Edifício Sesquicentenário, inaugurado em 2008, no antigo prédio, inteiramente remodelado, do Grande Hotel Municipal.

A isso se agrega, hoje, um extraordinário desenvolvimento do setor de serviços, do qual uma das estrelas é o Centro Tecnológico da TAM Linhas Aéreas, que ocupa as instalações da antiga fábrica da CBT, na Fazenda São Francisco, Distrito de Água Vermelha, ao lado do aeroporto. Nesse centro, a empresa realiza todos os checks (grandes manutenções) dos aviões de sua frota, inclusive os destinados às viagens intercontinentais. A unidade – que conta hoje com 550 funcionários diretos – presta serviços até mesmo à Força Aérea Brasileira, realizando a manutenção do avião da Presidência da República. No mesmo local, está instalado o Museu Asas de um Sonho que, com 74 aeronaves (mais de 30 delas em exposição), é o maior museu privado mantido por uma empresa de aviação no mundo.

Um exame atual da estrutura ocupacional do município revela que o setor de serviços e as indústrias são responsáveis, cada um, por cerca de 37% dos empregos no município (juntos quase atingem portanto três quartos do pessoal ocupado); o comércio, um pouco mais de 18%; a agropecuária, quase 5%; e a construção civil, 3%. Serviços e indústrias são também os setores que, em média, melhor remuneram seus trabalhadores no município.

A combinação criativa das vocações industrial e educacional vem gerando frutos promissores, como o desenvolvimento de um parque industrial diferenciado no contexto do interior paulista, tanto por sua diversidade setorial quanto por seu perfil tecnológico. De fato, a cidade abriga instituições que compõem em conjunto um significativo e promissor Parque de Alta Tecnologia: as duas universidades públicas, as duas unidades da Embrapa, a Fundação Parque de Alta Tecnologia de São Carlos (ParqTec), o Centro de Alta Tecnologia (CEAT), o Centro de Inovação Tecnológica (CETESC), o Centro de Desenvolvimento de Indústrias Nascentes (CEDIN), ligado à Secretaria de Ciência, Tecnologia e Desenvolvimento Econômico do Estado. Além disso, no município estão instalados o Science Park, em terreno de 164 mil metros quadrados doado pela Prefeitura, e o Parque Ecotecnológico Damha.

Neste último, cuja área é de aproximadamente um milhão de metros quadrados, já foram anunciadas as instalações do Centro de Ciência, Inovação e Tecnologia em Saúde de São Carlos (CITESC) – englobando laboratórios avançados, equipamentos modernos e unidades para pesquisas e instrumentação – e da primeira fábrica de semicondutores da América Latina, parceria entre a empresa Symetrix, dos Estados Unidos, e o Grupo Damha, de São Carlos. A empresa contará com o suporte científico e tecnológico do Centro Multidisciplinar para o Desenvolvimento de Materiais Cerâmicos, que reúne pesquisadores do Instituto de Química do campus da Unesp de Araraquara, da UFSCar, da USP – São Carlos e do IPEN (Instituto de Pesquisas Energéticas e Nucleares), em São Paulo.

Acima e na página ao lado (foto superior), cenas internas do Museu da TAM, inaugurado em 2006 e instalado na área onde anteriormente se situava a CBT (Companhia Brasileira de Tratores).
Interior da Opto S.A. (abaixo), empresa que é expoente do setor industrial de alta tecnologia.
Foto inferior da *página ao lado*: vista aérea da Tecumseh, a maior empregadora da cidade.

Infelizmente, São Carlos, nesse período, não ficou imune a incúrias administrativas de matizes variados, que retardaram seu desenvolvimento, comprometeram sua infra-estrutura e renderam a pesada herança de integrar a lista dos municípios mais endividados do Brasil. Um dos prefeitos do período (Rubens Massúcio Rubinho) chegaria a cumprir pena de prisão, condenado por crimes contra a Administração Pública.

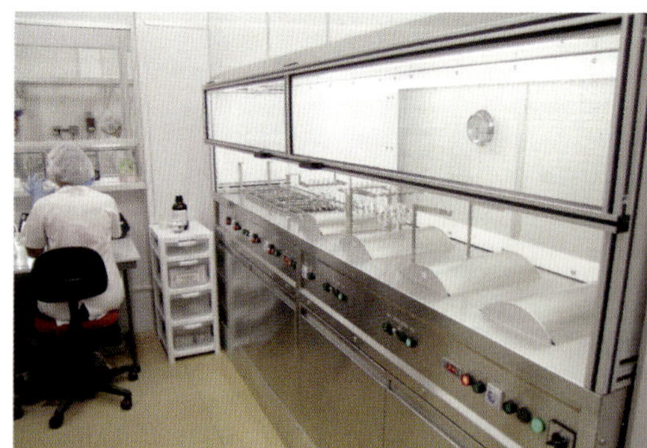

O ciclo clientelista – que se chegou a imaginar encerrado em 1982 com a vitória do PMDB – estendeu-se por mais duas décadas. João Otávio Dagnone de Melo, eleito naquele ano, governou até o final de 1988. Ele voltaria à Prefeitura em 1997, após mandatos cumpridos, entre 1989 e 1993, por Neurivaldo José de Guzzi (que já fora o candidato mais votado em 1982, perdendo pela soma de votos das sublegendas, como era o sistema eleitoral de então) e, entre 1993 e 1997, pelo citado Rubens Massúcio Rubinho, que o derrotaria nas eleições de 1992.

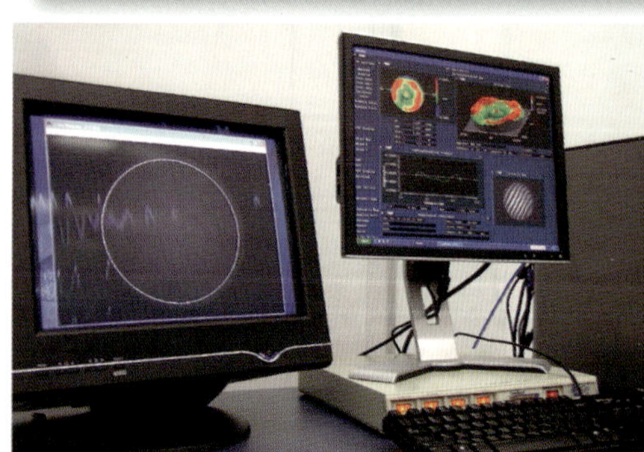

Ao se abrir o século XXI, a política local sofreria grande transformação com a vitória, nas eleições de 2000, de Newton Lima Neto, candidato do PT, partido que, até então, nunca passara de figurante nas eleições municipais majoritárias. Vindo da área acadêmica, Newton, engenheiro formado pela Escola Politécnica da USP, havia sido reitor da UFSCar entre 1992 e 1996 e, em 1998, fora candidato a vice-governador na chapa encabeçada por Marta Suplicy. Derrotados naquela ocasião, ambos se elegeriam prefeitos na eleição seguinte, ela na Capital, ele em São Carlos. O favorito era João

MUSEU
ASAS
DE UM
SONHO
TAM
DO BRASIL
BANDEIRANTE
DOMINGOS JORGE VELHO
NORECRIN 1203
NORECRIN 1203

Comemorações

100, 150 e... 200 anos

Em 4 de novembro de 1956, a nova Catedral de São Carlos foi aberta à população. O templo – cuja arquitetura é inspirada na Basílica de São Pedro, no Vaticano, com uma cúpula de mais de 70 metros de altura e 30 metros de diâmetro – ainda estava em construção e só seria concluído muitos anos mais tarde. Mas o ato da abertura marcou a inauguração do ano comemorativo do Centenário da cidade.

Cinqüenta anos depois, a Catedral protagonizou um dos eventos marcantes da abertura das comemorações do Sesquicentenário: em 5 de novembro de 2006, foi inaugurada a sua nova iluminação externa, projeto selecionado para o prêmio internacional *City People Light Award 2007* (3° lugar na categoria Cidades, atrás apenas de Heinsberg, na Alemanha, e Genebra, na Suíça).

O fato é que o local onde se encontra a Catedral sempre esteve entranhado na história de São Carlos. Foi lá que se elevou a primeira capela, toda de madeira, marco da fundação da cidade. No mesmo local, erigiu-se mais tarde a igreja matriz que se tornou a primeira Catedral em 1908, com a criação da Diocese. E lá foi construída a nova Catedral, a partir de 1948, quando o Vaticano autorizou a demolição da antiga.

Outros paralelos podem ser traçados entre o Centenário e o Sesquicentenário. No campo do saneamento básico, assistia-se na época do Centenário à construção da Estação de Tratamento de Água, que hoje produz 540 litros por segundo. Ao tempo do Sesquicentenário, inaugurou-se a Estação de Tratamento de Esgotos que, de uma só vez, passou a tratar todo o esgoto produzido pela cidade.

No terreno cultural, pode-se mencionar o Teatro Municipal, cuja pedra fundamental foi lançada em 1956. Os primeiros recursos destinados à obra vieram das sobras das comemorações do Centenário. Conta-se que a verba pleiteada junto ao Governo Federal para essas comemorações (cinco milhões de cruzeiros) aqui só aportou após o encerramento das mesmas. A Comissão de Festejos decidiu, então, destinar a maior parte desse dinheiro à construção do teatro. As obras foram paralisadas várias vezes e, em 1964, o espaço foi aberto ainda inacabado. Faltavam poltronas, camarins e iluminação quando o teatro abriu

Na página ao lado, desfiles e símbolos comemorativos dos 100 anos (foto superior) e dos 150 anos (demais fotos) de São Carlos.
Nesta página, a estrutura da cúpula da catedral em construção e os festejos do sesquicentenário com a nova iluminação da catedral.

TEATRO MUNICIPAL

TEATRO MUNICIPAL

Na página ao lado, o Teatro Municipal. Na foto maior, Cacilda Becker e Walmor Chagas contracenando em *Esperando Godot*, na inauguração, em maio de 1969. A seguir, no sentido antihorário: a aula-espetáculo de Ariano Suassuna, que reinaugurou, em julho de 2008; a fachada do teatro hoje e antes da reforma. Evoluções da Banda Marcial dos Fuzileiros Navais (abaixo) em 3 de novembro de 2007 e fachada do novo Paço Municipal.

suas portas. Em 1966, com poltronas e parte do equipamento, o Teatro Municipal apresentou a peça *Pequenos Burgueses*, de Gorki, montada pelo grupo Teatro Oficina para a abertura do IV Festival de Teatro Amador. A construção de um espaço voltado ao teatro estimulou, à época, a formação de vários grupos de teatro amador na cidade, tanto que a inauguração oficial ocorreu em 21 de abril de 1969, com a abertura do I Festival Nacional de Teatro Amador de São Carlos. A noite foi encerrada com Walmor Chagas e Cacilda Becker encenando Esperando Godot, de Samuel Beckett. Foi uma das últimas apresentações da atriz: quinze dias depois, em 6 de maio, em São Paulo, em cena na mesma peça, ela sofreria o rompimento do aneurisma cerebral que a levaria à morte.

Em 4 de julho de 2008, ainda no rescaldo das comemorações do Sesquicentenário, o Teatro Municipal Dr. Alderico Vieira Perdigão, interditado alguns anos antes, foi reinaugurado totalmente reformulado. Em cena, um de nossos maiores dramaturgos, em pessoa: aos 81 anos, Ariano Suassuna veio para uma aula-espetáculo, na verdade, uma reflexão sobre a cultura brasileira.

Também à época do Centenário, construía-se o prédio do Grande Hotel Municipal, fruto da preocupação do empresariado em dotar a cidade de um hotel à altura de seu desenvolvimento. Uma fotografia aérea publicada na edição de 4 de novembro de 1957 do jornal *A Gazeta*, da Capital, mostrava a estrutura do prédio destacando-se na paisagem: foi o primeiro edifício de vários pavimentos projetado para a cidade. Depois de funcionar como hotel por décadas, foi desapropriado e remodelado para abrigar o Paço Municipal, inaugurado em 4 de novembro de 2007. A ele foi dado o nome de Edifício Sesquicentenário.

Esses paralelos indicam que, em ambas as ocasiões, no Centenário e no Sesquicentenário, a cidade visivelmente se preparava para um salto de qualidade, agregando novos equipamentos urbanos ou requalificando os já existentes.

As comemorações do Centenário estenderam-se durante todo o ano de 1957. Exposições e concursos (hino, fotografia e até a "melhor estudante normalista") se sucederam. Planos foram feitos (um museu, uma pinacoteca, um filme), nem todos concretizados.

Em maio, a abertura dos Jogos Universitários contaria com a Banda Marcial do Corpo de Fuzileiros Navais da Marinha do Brasil. Um fato curioso: em razão de avaria no ônibus que a trazia, a banda só chegou à cidade no final da tarde e a apresentação aconteceu quando a noite já caíra. Como o Estádio do Paulista não contava com iluminação, a luz foi improvisada com faróis de automóveis estacionados à margem do campo. Isso não tirou o brilho da apresentação, descrito como "magnífico espetáculo" pelo jornal do *O Correio de São Carlos* de 25 de maio. De fato, foi marcante a sua passagem, influenciando a criação de outras bandas marciais na cidade (a do Colégio Diocesano, por exemplo) e o aprimoramento da Banda Marcial do Tiro de Guerra local.

O ponto alto das comemorações, no entanto, foi o desfile de 4 de novembro, data do Centenário, assistido pelo Governador Jânio Quadros e pelo Presidente Juscelino Kubistchek, ambos em visita oficial.

O desfile serviu de abertura, também, para os XXII Jogos Abertos do Interior. O evento poliesportivo – que desde 1940 não acontecia na cidade e jamais voltou a acontecer – esteve por ser cancelado em razão da epidemia de gripe asiática. Estava programado para outubro e teve de ser adiado para novembro. Involuntariamente, produziu-se a feliz coincidência entre a abertura dos jogos e a comemoração do Centenário.

Os Jogos Abertos ficaram na memória dos são-carlenses, principalmente por causa do basquetebol. O São Carlos Clube tinha um dos melhores times do Estado e, no ano anterior, com a camisa da cidade, ganhara o título nos Jogos Abertos realizados em Bauru. Era enorme a expectativa de que o resultado se repetisse. Mas, no jogo final, depois de empatar no tempo normal, a equipe foi derrotada por Piracicaba na segunda prorrogação. Uma decisão polêmica da mesa no final do jogo gerou uma enorme confusão, obrigando à intervenção até mesmo do Corpo de Bombeiros, chamado para jogar água nos torcedores. Nesse episódio, a atitude do prefeito Alderico Vieira Perdigão o introduziu no populário da cidade: pessoalmente, ele cortou a mangueira do carro de bombeiros para impedir que a água fosse lançada, sendo ovacionado pela multidão.

Um outro fato esportivo ficaria na memória, desta vez no futebol profissional, esporte em que a cidade poucas vezes teve algum destaque. Na tarde de 4 de novembro de 1957, uma grande torcida lotou o Estádio do Paulista para assistir a vitória do Clube Atlético Bandeirantes – equipe local que disputava as divisões inferiores – sobre o Santos Futebol Clube, que era bicampeão paulista e já tinha no time um garoto de 17 anos chamado Pelé. O placar elástico (3 x 0) incluiu um gol olímpico marcado pelo ponta esquerda Rui Dinucci.

No Sesquicentenário, as comemorações se iniciaram em 4 de novembro de 2006. À meia-noite, foi acionado o relógio que faria a contagem regressiva de um ano, instalado na avenida São Carlos, defronte a Catedral. Na noite do dia 5, após a inauguração da iluminação do templo, um espetáculo com o cantor e compositor Milton Nascimento, no mesmo local, agregou milhares de pessoas. Ainda em novembro de 2006, foi inaugurado o "Museu Asas de um Sonho", da TAM.

Na página ao lado, no sentido horário, a partir da foto superior esquerda: Ulysses Guimarães, então presidente da Câmara dos Deputados, discursa, enquanto Jânio Quadros cochicha; JK acena para a multidão; JK desfila em carro aberto; jogadores de futebol do Santos F.C. e do Clube Atlético Bandeirantes, em jogo realizado no dia do Centenário e vencido pela equipe local (no destaque, Pelé); o baile popular realizado no Ginasião; o bolo do Centenário é apresentado no desfile.

100
FELIZ
CASA DOS
OCULOS
AVIAM-SE
RECEITAS MEDICAS

Relógio (abaixo), que durante um ano fez a contagem regressiva, próximo de ser zerado.
Queima de fogos (foto aolado) que, naquele momento, inaugurou o dia do Sesquicentenário.
Na página ao lado, a colocação da Cápsula do Bicentenário no saguão do Paço Municipal.

Durante um ano inteiro, sucederam-se eventos de toda natureza: exposições de artes plásticas e de fotografias, exposições temáticas, shows e encontros musicais, apresentações de orquestras, competições esportivas, encontros científicos. Artistas conhecidos apresentaram-se durante esse ano: Milton Nascimento, Jorge Aragão, Eugenia de Melo e Castro, Caetano Veloso, Jorge Benjor.

A raiz principal dos festejos foi, no entanto, a evocação dos povos que, ao longo dos 150 anos, contribuíram para a formação da cidade. Sob o mote "São Carlos de todos os povos", foram realizadas, na praça do Mercado, festas para celebrar a contribuição dos afro-descendentes, árabes, portugueses, italianos, japoneses e alemães, além de uma festa das tradições brasileiras. Em todas elas, haviam barracas de alimentação típica e de artesanato, além de apresentações musicais. Em novembro, mês de Sesquicentenário, uma grande festa de congraçamento reuniu as diversas etnias.

Na manhã de 3 de novembro de 2007 foi inaugurado o Hospital Escola Municipal. À tarde, voltou à cidade a Banda Marcial do Corpo de Fuzilciros Navais. A chuva forte – que interrompeu a apresentação da Esquadrilha da Fumaça, que aqui também estivera no Centenário – não impediu que as evoluções da banda evocassem a lembrança da inesquecível apresentação de meio século antes. À noite, um show de Jorge Benjor reuniu milhares de pessoas defronte a Catedral, à espera de que o relógio lá instalado fosse zerado, iniciando-se uma feérica queima de fogos.

No dia 4, durante a inauguração do novo Paço Municipal, foi depositada, em local para isso preparado no saguão do Edifício Sesquicentenário, a Cápsula do Bicentenário. Para ser aberta em 2057, ela contém, devidamente preparados para evitar a deterioração, jornais, fotos e documentos, dentre os quais, uma mensagem do presidente Luiz Inácio Lula da Silva.

Otávio Dagnone de Melo, que pleiteava seu terceiro mandato como prefeito. Candidato a sua própria sucessão, nas primeiras eleições municipais em que a reeleição era permitida, as pesquisas atribuíam-lhe mais de 50% das intenções de voto no começo da campanha. Em uma virada eleitoral histórica, Newton venceu por apenas 128 votos, correspondente a 0,12% dos mais de 120 mil eleitores.

Abriram-se novos horizontes para São Carlos, ampliados pela eleição de 2002, quando Lula foi eleito presidente da República também pelo PT. A importância dessa afinidade política pode ser medida pelas obras erguidas com importante participação do Governo Federal, de que são exemplos o Hospital-Escola Municipal, a Estação de Tratamento de Esgotos e a restauração do Teatro Municipal. Lula esteve em São Carlos em 2005 para autorizar a instalação do curso de Medicina da UFSCar e dar início às obras do Hospital-Escola. Antes disso, apenas o Imperador Pedro II, em 1886, e os presidentes Epitácio Pessoa, em 1921, e Juscelino Kubitschek, em 1957, haviam visitado oficialmente a cidade.

Newton Lima Neto foi reeleito em 2004, com grande folga. A proximidade dos acontecimentos desencadeados durante sua gestão de dois mandatos sucessivos impede, no entanto, que sejam observados através de uma perspectiva histórica, que demanda sedimentação mais lenta e olhar mais distante. Os desdobramentos recentes merecerão, a seu tempo, análise específica que não se acomoda a uma obra como esta, comemorativa do sesquicentenário.

De mero ponto de parada de tropeiros no picadão de Cuiabá à economia cafeeira pujante; desta a uma industrialização ousada; da indústria a uma sociedade do conhecimento. Esta, a trajetória percorrida ao longo de 150 anos da história aqui esboçada. Se é forçoso reconhecer que São Carlos perdeu a importância que tinha entre os municípios do Estado durante os anos de ouro de sua economia cafeeira, não mais alcançando a posição de vanguarda outrora ocupada, também é fato que a cidade reúne hoje condições excepcionais para avançar rumo a novos horizontes. Uma pesquisa elaborada pela Federação das Indústrias do Estado do Rio de Janeiro (Firjan), apoiada sobre dados coligidos em 2005, e que procura acompanhar, de forma permanente, informações sobre emprego, renda, saúde e educação, aponta São Carlos no 12° lugar em termos de desenvolvimento humano, econômico e social, entre todos os municípios do país[20].

O desafio que se coloca para São Carlos atualmente não é apenas desenvolver-se economicamente, mas o de promover esse desenvolvimento sobre bases sustentáveis, tanto do ponto de vista ambiental – e para tanto a inauguração da estação de tratamento de esgotos constitui um passo fundamental – quanto social, isto é, que reverta efetivamente em progresso nas condições de saúde, moradia, educação, lazer etc. para os mais de 220 mil indivíduos que hoje compõem a população. O ponto relevante serão os avanços na promoção da cidadania no município. Esta, afinal de contas, acaba sendo, em última instância, o aval permanente para uma sociedade mais equilibrada, em que todos tenham dignidade e lugar.

Na página ao lado, Hospital Escola Municipal prof. dr. Horácio Carlos Panepucci. O primeiro módulo foi inaugurado durante as comemorações do Sesquicentenário.

GRAESER & C.IA
PHOTOGRAPHOS
Artigos Photographicos
RUA 7 DE SETEMBRO-49-PHONE-485
SÃO CARLOS

O furgão comercial de Hugo Graeser, a propaganda de Philemón Perez e a fachada da loja de Thomaz Ceneviva não estão aqui por acaso. Esta é uma página de fotógrafos. O advento da fotografia mudou a forma de contar a história. Este livro é exemplo disso. O fotógrafo é o narrador silencioso, cuja câmera escancara detalhes que a palavra não conseguiria contar. Perez (entre 1893 e 1917), Graeser (nas primeiras décadas do século XX) e Ceneviva (nos últimos sessenta anos) documentaram parte significativa da história de São Carlos. A seu tempo e a seu modo, cada um registrou cenas familiares, fatos políticos, paisagens, desastres, inundações, construções, demolições. E não foram só eles: Torreta, Altino, Di Tulio, José João, Fukuhara e tantos outros que a memória engoliu. Os fotógrafos amadores – na cidade existiu o Foto Cine Clube São-carlense, nas décadas de 1940 e 1950, e ainda existe o Íris Foto Grupo, fundado em 1959 – também fizeram e fazem sua parte: a foto que ilustra a capa do livro e a que ocupa as duas páginas anteriores (194/195) são, respectivamente, de Almir Salles e de Íris Oliveira, ambos fotógrafos amadores. Na impossibilidade de identificar os autores da maioria das fotos , recolhidas em acervos variados – públicos e privados – da cidade, os autores homenageiam todos os que abraçaram o ofício de fotógrafo em São Carlos, facilitando a lida de quem se propõe a narrar a História. Afinal, na experiência humana, a imagem precede tanto o discurso como o texto, pois enxergamos antes mesmo de poder falar ou escrever.

Alguns autores estão identificados nas próprias fotos. De Thomaz Ceneviva são as fotos das páginas: 23 (foto maior), 27 (foto menor inferior), 60, 61, 69 (foto maior), 88/89 (foto maior e foto superior esquerda), 131, 132, 134, 135, 136, 137, 138/139, 143, 167, 169 (foto maior), 170/171, 185 (foto menor) e 189 (as quatro superiores).

Notas

[1] São Paulo, 1888, p. 292.
[2] Taunay, 1921.
[3] Camargo, 1917, p. 6.
[4] Brandão Neto, 1967, p. 123.
[5] Camargo, 1948.
[6] Livro de Atas da Câmara Municipal de São Carlos, 1890.
[7] Sanches, 1920, p. 12.
[8] O Diocesano, 1961, p. 5.
[9] De Luca, 1928.
[10] Damiano, 2002, p. 86.
[11] Id. ibid, 2002, p. 90.
[12] Souza, 1915, p. 437.
[13] Carneiro, 1977, p. 28-29.
[14] Santos, 1955, p. 25.
[15] Valente, 1994, p. 66-67.
[16] Sguissardi, 1993, p. 80-81
[17] Id. ibid, 1993, p. 83.
[18] Id. ibid, 1993, p. 87.
[19] Id. ibid, 1993, p. 87-88.
[20] Disponível em: <http://ifdm.firjan.org.br>. Acesso em: 15/8/2008.

Agradecimentos

Alfredo Gonçalves Jr., Almir Salles, Ana Lucia Ceravolo, Antonio Carlos Mazzei, Antonio Pellicano Júnior, Carlos Augusto de Souza Martins Filho, Cibele Santini Bonichelli, Diógenes Gonçalves, Eduardo Sá, Enide Genovês Damiano, Fabiano Volpini, Gina Salles Picchi, Glória Faratt, Heloísa Santini de Oliveira, Ilza Zenker Leme Joly, Iris Oliveira, Joana D'Arc de Oliveira, José Astolfo Margarido, José Bento Carlos do Amaral, José João, Lea Silvia Martins Gonçalves, Ligia Savelli, Luís Gustavo Souza Sguissardi, Luiz Carlos Lazzarine, Luiza Shimada, Marcelo Pinho, Marco Antonio Leite Brandão, Maria Angela Bortolucci, Mariana Pezzo, Mário Wilson Pedreira Reali, Murillo Cassinelli Porto Filho, Nádia Lucia Pallone, Neusa Massei Porto, Nivaldo Nale, Patricia Moraes Aude, Petronilha Gonçalves, Renata Priore Lima, Ricardo Malmegrin Gonçalves, Rodolfo Godoy, Rosane Siqueira Teixeira, Thomaz Ceneviva, Vera Zavaglia Malta Campos, Walter Fukuhara

Sobre os autores

Oswaldo Mário Serra Truzzi nasceu em Campinas e se formou em Engenharia de Produção pela Escola de Engenharia de São Carlos (USP). Mestre em Administração pela Fundação Getúlio Vargas-SP e Doutor em Ciências Sociais pela Unicamp, é professor da Universidade Federal de São Carlos desde 1980. É autor de obras nas áreas de História e Sociologia das Migrações, dentre elas *Café e Indústria: São Carlos (1850-1950)* e *Patrícios: Sírios e Libaneses em São Paulo*.

Paulo Reali Nunes nasceu em São Carlos e fez seus estudos básicos no Instituto de Educação Dr. Álvaro Guião, a antiga Escola Normal de São Carlos. Bacharel em Direito pela Faculdade de Direito da USP, é promotor de justiça desde 1973. É autor de um livro de contos, *O pato fui eu*.

Ricardo Tilkian nasceu em São Paulo e se formou em Comunicação Visual pela Universidade Mackenzie. Atua nas áreas de design gráfico, fotografia e artes gráficas. Em 1992 criou a empresa Ponto&Meio de Comunicação, pioneira no uso de tecnologia digital na recuperação de acervos fotográficos e sua reprodutibilidade nos sistemas gráficos. É co-autor do livro *Alberto Santos Dumont – Eu naveguei pelo ar*.

Bibliografia

ALMANACH de 1894. São Carlos: EdUFSCar; São Paulo: Imprensa Oficial, 2007. v. 1. 158 p.

ALMANACH de São Carlos: 1915. São Carlos: EdUFSCar; São Paulo: Imprensa Oficial, 2007. v. 1. 147 p.

ALMANACK annuario de São Carlos: 1928. São Carlos: EdUFSCar; São Paulo: Imprensa Oficial, 2007. v. 1. s.p.

ALMANACK de São Carlos: 1927. São Carlos: EdUFSCar; São Paulo: Imprensa Oficial, 2007. v. 1. s.p.

ALMANÁQUE de São Carlos: 1905. São Carlos: EdUFSCar; São Paulo: Imprensa Oficial, 2007. v. 1. 152 p.

AMARAL, José Bento Carlos. *A Verdade sobre a Intervenção Federal em São Carlos*: depoimento escrito. Entrevistas.

ASSEMBLÉIA Legislativa do Estado de São Paulo. In: SESSÃO EXTRAORDINÁRIA E ORDINÁRIA DE 1908 – Câmara dos Deputados de Estado de São Paulo. 2. 1908. São Paulo. *Anais*... (Organizados pelos tachygraphos Horácio Belfort Saerno e Numa de Oliveira.)

ASSEMBLÉIA Legislativa do Estado de São Paulo. In: SESSÃO EXTRAORDINÁRIA E ORDINÁRIA DE 1908 – Senado do Estado de São Paulo. 2. 1908. São Paulo. *Anais*... (Organizados pelos tachygraphos Horácio Belfort Saerno e Numa de Oliveira.)

BRAGA, Antonio Carlos Vilela; HAYASHI, Maria Cristina P. I. (Orgs.) *Café, Comércio, Energia e Comunicação – São Carlos 1880-1920 (Fontes Documentais e Subsídios para Presquisa)*. Publicação da ASSER – Associação de Escolas Reunidas, 1995. (Série Documentos 2.)

BRANDAO NETO, Francisco de C. S. *Glorioso passado – documentário histórico*. Rio de Janeiro: Livraria Agir Editora, 1967.

CAMARGO, Theodorico de. A colônia italiana em São Carlos, *Correio de São Carlos*, 13 jun. 1948.

CAMARGO, Theodorico de. Breve notícia histórica e geographica sobre a cidade e o município de São Carlos. In: *Almanach-Album de São Carlos – 1916-1917*. São Carlos: Typographia Artística, 1917.

CARNEIRO, João Neves. *São Carlos na Revolução Paulista de 1932*. Concurso Municipal de Monografias, 1973. São Carlos: Seção de Publicações da Escola de Engenharia de São Carlos – USP, 1977.

CASTRO, Franklin de (Org.). *Almanach-album de São Carlos. 1916-1917*. São Carlos: EdUFSCar; São Paulo: Imprensa Oficial, 2007. v. 1. s.p.

COMPANHIA Paulista de Força e Luz. *100 Anos de Monjolinho – 1ª Usina Hidroelétrica do Estado de São Paulo*, 1993.

DAMIANO, Octavio Carlos. *As favas do "seu" major*. São Carlos: Ed. do autor, 2002.

______. *Imprensa São-Carlense 1876-1995*. São Carlos: EdUFSCar; São Paulo: Imprensa Oficial, 2007.

DE LUCA, Domingos. O elemento italiano no progresso de São Carlos. In: *Almanack Annuario de São Carlos – 1928*. São Carlos: EdUFSCar; São Paulo: Imprensa Oficial, 2007.

EMBRAPA. Centro de Pesquisa de Pecuária do Sudeste. *Plano Diretor do Centro de Pesquisa de Pecuária do Sudeste*. São Carlos: CPPSE, 1993. Disponível em: <http://www2.cppse.embrapa.br/IPlano%20diretor1993.pdf>.

EMBRAPA Pecuária Sudeste. *III Plano Diretor*: Embrapa Pecuária Sudeste 2004-2007. São Carlos: Embrapa Pecuária Sudeste, 2005. 44 p. (Embrapa Pecuária Sudeste. Documentos, 41.)

FOLGUERAS-DOMÍNGUEZ, Sérvulo. A portadora está no ar. A Tribuna, São Carlos, 7 ago. 1991.

GARCIA, E. U.; VIANNA, J. G. T. *O homem do Canchim – Um alquimista da genética*. São Carlos: Suprema Gráfica e Editora Ltda., 1996.

LIVRO de Atas da Câmara Municipal de São Carlos, Sessão de 30 de abril de 1890.

NEVES, Ary Pinto das. *São Carlos na Esteira do Tempo*. São Carlos: EdUFSCar; São Paulo: Imprensa Oficial, 2007.

______. *São Carlos – Da Escolinha de Primeiras Letras às Universidades de Prestígio Internacional*. Separata (resumo publicado no Guia da Cidade – Páginas Amarelas). São Carlos: EBID Editora Páginas Amarelas Ltda., 1992.

______. *O Jardim Público de São Carlos do Pinhal*. São Carlos: Fundação Theodoreto Souto – EESC/USP, 1983.

NOSELLA, Paolo; BUFFA, Ester. *Schola Mater – A Antiga Escola Normal de São Carlos*. São Carlos: EdUFSCar; São Paulo: FAPESP, 2002.

______. *A Escola Profissional de São Carlos*. São Carlos: EdUFSCar; São Paulo: FAPESP, 1998.

______. *Universidade de São Paulo – Escola de Engenharia de São Carlos – Os primeiros tempos: 1948/1971*. São Carlos: EdUFSCar; São Paulo: FAPESP, 2000.

O CORREIO de São Carlos, 1957.

O DIOCESANO, São Carlos, ano 2, p. 5, out. 1961.

PAINO, José Roberto de Andrade. *Matizes de Uma Luta*. São Carlos: Editora Suprema, 2002.

SANCHES, Álvaro. *Dois annos de trabalho da nova delegacia de saúde de São Carlos e seus resultados*. São Paulo/Rio de Janeiro: Weiszflog Irmãos, 1920.

SANTOS, Ambrósio dos. Tempos Patriarcais. In: ______. *Versos de um sancarlense*. São Carlos: Tipografia Camargo, 1955.

SÃO PAULO. Comissão Central de Estatística. *Relatório apresentado ao Excelentíssimo Sr. Presidente da Província de São Paulo*, 1988.

SGUISSARDI, Valdemar. *Universidade, Fundação e Autoritarismo – O Caso da UFSCar*. São Carlos: EdUFSCar; Estação Liberdade, 1993.

SILVA, Hélio. *1932 – A guerra paulista*. Rio de janeiro: Civilização Brasileira, 1967.

SOUZA, T. Oscar Marcondes de. *O Estado de São Paulo – Physico, Político, Econômico e Administrativo*. São Paulo: Estabelecimento Graphico Universal, 1915.

TAUNAY, Visconde de. *Viagens de outrora*. São Paulo: Melhoramentos, 1921.

TRUZZI, Oswaldo. *Café e Indústria – São Carlos 1850-1950*. 2. e. São Carlos: EdUFSCar, 2000.

UNIVERSIDADE Federal de São Carlos. Excelência Acadêmica e Compromisso Social. *Revista da UFSCar*, 2008.

UNIVERSIDADE Federal de São Carlos. *Relatório de Gestão 2004-2008*.

VALENTE, Célia; HUMBERG, Fabio. *Ernesto Pereira Lopes: um homem, três dimensões*. São Paulo: JMJ, 1994.

Título	*Café, indústria e conhecimento* SÃO CARLOS, UMA HISTÓRIA DE 150 ANOS
Autores	Oswaldo Mario Serra Truzzi Paulo Reali Nunes Ricardo Tilkian

EdUFSCar

Projeto Gráfico	Ponto & Meio
Editoração	Francisco José Vieira
Revisão	Marina Venâncio Grandolpho
Restauro e tratamento de imagens	Ponto & Meio
Pesquisa documental	Oswaldo Mário Serra Truzzi Paulo Reali Nunes
Capa	Almir Sales (foto)

imprensaoficial

Coordenação Editorial	Cecília Scharlach
Assistência Editorial	Berenice Abramo
Editoração Gráfica	Marilena Camargo Villavoy
CTP, Impressão e Acabamento	Imprensa Oficial do Estado de São Paulo

Formato	275 x 300
Tipologia	ITC Galliard, Aldus, Helvetica Neue
Papel miolo	Couché fosco 150 g/m^2
Papel capa	Couché brilhante 150 g/m^2
Número de páginas	200
Tiragem	1.700